「自立した学び手」が育つ

算数の授業

全国算数授業研究会 編著

はじめに

世の中が急速に変化しています。ＡＩの技術の向上、多様な価値観の広がりなどがそれを象徴しています。

ＣｈａｔＧＰＴに代表されるＡＩチャットの性能も高まっているようです。試しに、マイクロソフトのＢｉｎｇのＡＩチャットＣｏｐｉｌｏｔに小学生がよく間違える問題を打ち込んでみました。

「太郎君たちは一列に並んでいます。太郎君は前から5番目、後ろから3番目です。みんなで何人並んでいるでしょうか？」

数秒後に、答えと、その答えになる理由が表示されました。答えを求める式は書かれていません。そこで、「この答えを求めるための式は？」と打つと、理由とともに「5＋3－1＝7」という数式を答えてくれました。さらに、「他の式は？」と尋ねると、「他の式も考えることができますが、この式が最も一般的で使いやすいと思います」という回答がありました。そこで、「4と2を使った式はできないの？」と問い返すと、「4＋2＋1＝

7」という式を、数秒で導き出しました。しかも、わかりやすい解説付きで。

図もあるとよいと思い、「それを図に表すことはできるのかな?」とちょっと意地悪な質問を続けてみると、「画像を生成することはできません」と断りながらも、図での表し方を文で説明してくれました。ほぼ完璧な答えです。その優秀さに驚きました。

二十年以上前、電卓を手軽に使えるようになったときに、「計算の指導は必要か」ということが話題になりました。それが、今では計算どころか文章題まで解説付きで答えてくれるということです。それを誰もが簡単にできる時代に、人間に求められる力は何か、算数の授業でどんな力を育てるのか、ということを、教える側が今まで以上に考える必要があります。

子どもを取り巻く状況は刻々と変わり、今後もその変化の速さは加速度を増していくに違いありません。そういう時代に、学校で毎日行う算数の授業はどこを目指せばよいのでしょうか。それは、教えられた方法で速く正しい答えを求めることよりも、はじめて出合う問題に対しても、それまでの知識や経験を活かして、自分が納得する解を得ようと働きかけることができる態度や能力を育てることでしょう。それによって、自分の世界を切り開いていけるようにしたいものです。

中央教育審議会が提唱する「令和の日本型学校教育」の中に、「個別最適な学び」を充実させることが掲げられています。これも、個々人がひたすら計算練習に取り組むようなことを目指しているわけではないはずです。個人に学習の方法を任せたときに、一人ひとりの子が自分に合う方法を選び、学びを広げたり深めたりできるようになるとよいのではないでしょうか。そのためには、みんなと一緒に学ぶ時間の中で、自分に合う学び方を見つけていけるようにしなければなりません。

そこで、全国算数授業研究会では、「自立した学び手」をテーマにした本書を企画しました。執筆したのは、本研究会の常任理事および全国理事です。毎日、子どもの前に立ち、子どもにとってよい授業とは何かを一緒に考えてきた授業人の仲間です。

「自立した学び手」の定義については、事前の話し合いをあえて行わず、それぞれが自分の考えを述べています。ですから、執筆者によってその捉え方は少しずつ異なります。読者の方には、そのことを踏まえた上でお読みいただき、算数で育てるべき子どもの姿についで考えるきっかけにしていただけると幸いです。そして、算数を楽しみながら学んでいくことのできる子どもたちが増えることを願っております。

令和五年八月吉日

全国算数授業研究会会長　夏坂哲志

目次

Chapter 2
「令和の日本型学校教育」における自立した学び手の育成

Chapter 4

「自立した学び手」が育つ算数授業……181

Chapter

1

なぜ「自立した学び手」に育てるのか

今こそ「自立した学び手」に育てる

自分で決める

新型コロナウイルスの感染が拡大したとき、全国一斉に休校措置がとられた。あの時、各学校、学習塾などでは、子ども達の学びを止めないようにするための対応を迫られた。私が勤務する筑波大学附属小学校でも、オンラインで各家庭に課題を配信することにした。算数部内では、「どのような課題にするか」「何を大切にするか」について時間をかけて話し合った。

この状況で出す課題は、夏休みの宿題のように、学校で学習したことを復習するようなものではなく、新しい内容を一人で学んでいけるようなものでなければならない。けれども、方法を教え、その後、練習を繰り返すだけの課題にはしたくない。加えて、子ども一人ひとりが家でどのような時間を過ごし、課題にどのように取り組んでいるかを想像しながら、「何をさせるか」「どこまで問うか」「何を考えさせるか」、そして、登校してきたときの授業に「それをどうつなげるか」まで考える必要がある。

算数部内で確認したことは、「既習内容によって差がつかない単元の課題にしよう」「知識や技能の伝達ではなく、感覚や思考力・表現力を豊かにする活動の経験を増やそう」という点である。五年生であれば、「立体づくり」のように図形の感覚を豊かにする活動がある。これを全員に経験させたいのだが、作業時間には個人差もあるし、けっこう時間もかかる。そういった活動や調べ学習のようなものは、学習時間を自分の都合に合わせて設定できる家での時間がいいのではないかと考えた。一方、「割合」のような学習は、公式のようなもの解説して覚えさせ、練習問題を繰り返しても意味が無い。みんなで対話しながら、その意味を感じ取っていく過程が大事だ。そういった内容は、休校が明けてから学校で扱う内容として残しておくようにした。

二年生に配信した課題の一つとして、「点と点を直線で結んで、いろいろな四角形をかきましょう」がある。子どもたちは、たくさんの種類の四角形をノートにかき、それを写真に撮って、「まなびポケット」（本校で導入したクラウドサービス）に掲載してくれた。その中で、Aさんは、次の写真のように疑問を投げかけてきた（図1）。

写真には、「四本の直線で囲まれていれば、へこんでいても四角形ですか？」と書かれている。この質問を次の日のＺｏｏｍ朝の会で話題にしてみることにした。

　Ｚｏｏｍ朝の会は、私のクラスで週に数回、Ｚｏｏｍを通して行っていた朝の会。その時間に、「Ａさんがこんな質問をしているよ」と紹介した。すると、「私もそう思った」という子が何人かいた。この声を聞いてＡさんは、ほっとしたような表情を見せた。

　その後、子どもたちは自分の立場を決め、その理由を伝えたり、他者の意見に耳を傾けたりした。算数の内容による意見交換は、およそ３ヶ月ぶりであった。しかもオンライン。にもかかわらず、議論は白熱して楽しかった。「四角形だ」「いや、四角形ではない」「三角形かな」と揺らぎながら、四角形の定義を見直していくことができた。

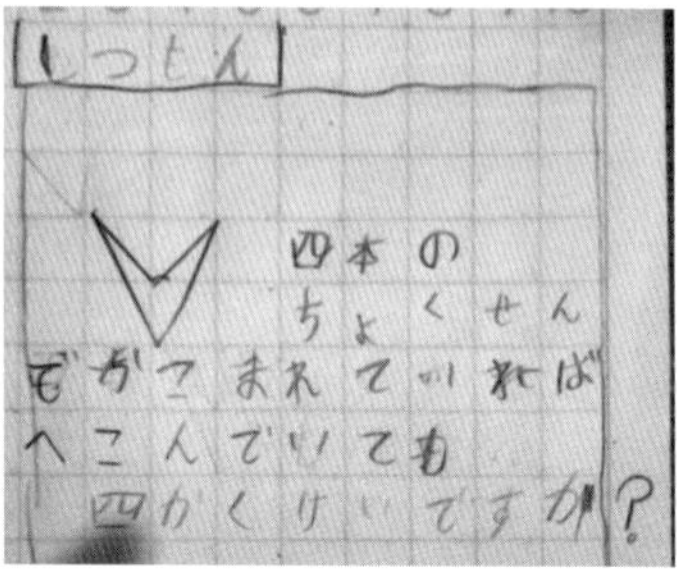

図１　子どもから出てきた質問

　「学び」という言葉には、受け身的な意味を感じる人も多いようだ。学校で先生から教えてもらうイメージが強いせいかもしれない。けれども、自分の好きなことであるとか、必要に迫られている場合は、自分から調べたり教えを請うたりする。学ぶこと自体が楽しいと感じているのだ。Aさんの発した問いも、四角形をかく活動をしながら自然に湧いてきたものである。誰かに強要されたものではなく、自分で決めたことである。自分が決めた問いに対し、自分の考えを決める。さらに、他者の考えを聞いたり、自分で調べたりしながら決め直す。そして、その過程を振り返りながら、最後は自分で納得する解を得る。

そういう「問い」から「答え」に至るまでの時間と空間が、子どもの理解を深めていく。と同時に「学び」に向かうエネルギーをつくると考える。

●●●「わかりやすい」が歓迎されていないか

課題を配信する形の学習は、送り手から受け手へと、一方的に知識や方法が伝えられて終わることが多い。ネット上でも検索をすれば、「○○の求め方」「○○の作図方法」のようなサイトが数多くヒットする。特にコロナ禍には、「オンラインを使ったわかりやすい授業」を売りにするようなことも増えたように感じた。メディアで取り上げられ、視聴者からは「自分も小学生の時にこんなふうに教えて欲しかった」「こんな楽しい学校があったらいい」といった好意的な反応も多かった例もあると聞く。

内容の大事なポイントはおさえてあるし、見る人を引き付けるパフォーマンスから我々教師が学ぶことは全く無いわけではない。しかし、よりわかりやすく効率的に教えることが学校で行う授業の目的ではない。知識を効率よく伝達することが、もし学校現場でも歓迎されるのだとすれば、それは大変困ったことである。

ネットだけではなく、塾などで先取りしている子の中には、「この問題はどうするんだったっけ」のように考える子がいる。その方法が見つからなければ、諦めてしまったり、答えを誰かに聞いたり探したりする。そして、正解を知ると安心してしまう。まるで、パズルのピースが見つかったかのように。

答えを求めることや、その求め方を知ることが目的ならば、その教え方や解説は、わかりやすい方がよい。けれども、算数の授業では、答えの求め方を自分（たち）で考え、その中から共通することや、他の場面でも使えることを見つけ出し、整理しながら、使えるもの（法則や公式など）に創り上げていく過程が大事であり、その過程の中で身につく力が社会に出たときに活きて働く力となる。

「わかりやすい」ということは、理解しづらい解説や、解法が複雑な問題に手を加えているということである。教える人が上手に例を挙げるとか、図解するとか、手順を整理しているのである。それは、飲み込みにくい食べ物を調理して、「食べやすく」しているのに似ている。わかりやすくまとめられた解説や動画を私も参考にすることがあるので、全てを否定するつもりはない。しかし、それは情報を得ることが目的の場合である。教科教育としての算数では、答えを求めることよりも、その過程において自分で方法を決め、試行錯誤することに意味がある。図形の定義がわかりやすく解説されているのを読んで、その図形の性質を問題解決に使えるかというとそれは無理である。自分でかいたり作ったりしながら、だんだんと自分のものにしていく時間が必要なのである。

「速さ」の公式は必要か

算数は答えがはっきりしているためか、「これを教えなければならない」「これを教えればよい」と考えてしまう教師が多いようだ。「速さ」の学習を例に考えてみたい。

「速さ」の問題は難しいと言われるが、本当だろうか。例えば、「6㎞進みました。3時間かかりました。時速何㎞ですか」という問題がある。「時速」を求めるということは、「1時間当たり何㎞進むか」を求めればよいということである。3時間を3等分すれば1時間になるのだから、6㎞を3等分すれば1時間当たりの道のりが求められる。この関係は、「6ｍのロープがあります。3人で同じ長さずつ使います。1人が使える長さ（1人分の長さ）は何ｍですか」という問題の「６ｍを3等分する」のと同じと見ることができる。図に表しても、それほど違いはない。このように考えるならば、先ほどの「速さ」の問題でも、６÷３と立式することはそれほど難しいことでは無い。場面と問題の意味が理解できれば、３年生でもこの問題の答えを求めることはできる。

確かに、「時間や道のりをそろえて比べる」という考え方や「平均して考える」とか「時間と道のりの間に比例関係がある」というような見方も必要である。そういう意味では、３年生で「速さ」の学習をするのは早いと言える。しかし、「１秒当たりに進む道のり」を求めたり、その値を使って「〇秒間に進む道のり」求めたりするための計算を考えることは、３年生でも可能だということである。

ところが、「速さ＝道のり÷時間」という公式があるがために、「この公式を教えて問題が解けるようになればよい」と考える指導者や、「公式があるなら、早くそれを教えてよ」という子どもが出てきてしまう。先に公式を教えてしまえば、答えは求められるようになるかもしれない。しかし、そのことにどんな意味があるのだろうか。「早く方法を教えてよ」と言う子は、学んでいるのではなく、単に情報を増やしたに過ぎない。

欲しい情報が簡単に手に入れられる時代だからこそ、子どもが自分で進む方向を決め、最後は大きな壁を乗り越えられるようになるという経験を積ませたい。

●●● 自分に合う学び方を見つける

4年生の子に「45度をかいてみよう」と投げかけた。分度器の使い方や三角定規の角の大きさについての学習を終えた子たちは、どんな方法を思いつくだろうか。

即座に、「分度器を使えば簡単」と反応した子がいた。分度器を使って、いろいろな角度のかき方を学習した後だからだろう。しかし、すぐに「分度器を使わなくてもかけるよ」と言い出す子がいる。ノートのマス目を使うというアイデアだ。マス目は直角になっている。45度は90度の半分だから、マス目の交点を通るように斜めに線を引けばよい。こういう見方や感覚は大事だ。そして、最後に登場したのは、直角二等辺三角形の定規の角を使うという方法だった。予想していた三通りの方法が出た。

三つのかき方で、45度の角をかいた後、「45度は三角定規でかけるから楽だね」と言うと、「60度や30度も三角定規でかけるよ」「90度もね」と言う子がいる。「よし、それを黒板にメモしておこう」と言いながら、「三角定規を使ってかける角度は、……」と書き始める。すると、「二枚使えば、他の角度もかけるよ」と言い出す子がいる。これを聞いて、うなずく子もいれば、首をかしげている子もいる。そんなことをしながら、授業は進んでいく。授業を進めているのは、子どもたちの発見やアイデアである。

〈分度器で→分度器を使わなくても→45度以外の角度も→二枚使えば〉のように、自分たちで方法や条件、範囲を広げているのである。

本書がテーマに取り上げている「自立」とは、自分で世界を切り開いていくことと私は捉えたい。そう考えるならば、ここまで述べてきた子どもの姿の中に、自立して学ぶきっかけが見え隠れしているように思われるのである。

こちらが最初に出した問題は、「45度をかいてみよう」だけである。この時点で、「方法は一つしかない」と思っている子もいれば、何通りか思いつき、「どの方法が楽かなあ」と思っている子もいるだろう。そんなふうに、子どもによって考えることはバラバラである。一つの教室の中に、違う見方や考え方が複数あるのである。

自分が考えていることと違う他の子の考えに触れたとき、子どもは何を思うだろうか。「なるほど、そういう考え方もあるね」で終わる子もいるだろう。あるいは、「他の方法はないだろうか」と新たな方法を探ろうとする子もいるだろう。自分と同じ考えや違う考えに触れる。その中の一つを選び、試してみる。その結果、新たな発見をする。新しい発想が生まれる。そんな経験を重ねていくうちに、「こういうときは、こんなふうに考えてみると面白い」というように、自分に合う学び方が見つけられたらいいと思う。

●●● 結果よりも大切にしたいこと

残念なことに、筆算の仕方を知っているとか、公式や解法を知っている人の方が算数の力が優れていると思う人が未だに多いと感じる。点数化されるテストで見れば、そういう子は確かに高い点をとるかもしれない。しかし、教室で算数の授業を受けている子たちを、「学び手」として見たときにも、他の人が知らないことを知っているとか、他の人よりも多くのことを知っていることをよしとするだろうか。速く正確に答えが出せる方が優秀だと考えるだろうか。

4年生のわり算の学習で、「52枚の折り紙を4人で等分したときの一人分の枚数」を求める問題について考えた。このとき、「52÷4＝9あまり16」とノートに書いた子がいた。ここまで書いて、じっとその式を見ている。「なんだか、おかしいな」と思っているのかもしれない。

間違えようと思って間違えている子はいない。どの子も、正解を出したいと思って、今まで学習したことを思い出しながら、新しい問題に向かっているのだ。それでも、出した答えが正しくないことはある。もしそうならば、その原因を探ってみるとよい。

この子の場合、どのように考えたのだろうか。おそらく「あまりのあるわり算」の計算の仕方をここに適用し、「4の段の九九で、答えが52に一番近いのは4×9＝36だから商に9を書き、52から36を引いた答えの16をあまりとした」のではないかと思う。だとすると、既習の計算の仕方をきちんと使って答えを求めていると言える。

次に、「9あまり16」が、この問題に対する答えとしてふさわしいかどうかを考えてみる。「9あまり16」というのは、「一人に9枚ずつ配り、16枚あまっている」という状態を表す。これを、どう捉えるかということである。「16枚あまっているのであれば、それをさらに4人で分けよう」と考えれば、一人分は13枚という答えに到達できる。つまり、「9あまり16」という答えは、配っている途中の状態を表しているということになる。

このように、答えの妥当性を吟味したり、答えに至るまでの考え方を振り返ったりしながら、はじめに出てきた答えを修正しながら、納得できる答えにたどり着く経験が次の問題解決に活きることを期待したい。

「自立した学び手」とは、自分に合う学び方を見つけていける人だと私は考える。新しい問題に出合ったとき、それを解決していくときに、自分なりのアプローチの仕方をもっているという言い方もできる。

その中には、「こんな問いを立てると、面白い発見がありそうだ」「まず、わかることを整理してみよう」「ここまでならできそうだ」「ここに着目してみよう」「ここを変えてみよう」のような思考の進め方や対象への働きかけ方がある。また、「この情報が使えそうだ」「このような尋ね方をするとよい」のように、他者に相談したり質問したりして必要な情報を収集する方法もある。それには、他者の方法と自分の方法を比較しながらよりよい方法を選択するための適切な手段を増やすことも含んでいる。「自立」とは、全て自分の力だけで進めることができるということではない。必要ならば他者に応援を求めるか、他者の方法を参考にすることがあってよい。依存先は多くある方がよい。

そういった自分の学び方は、本人が自覚していないことかもしれないし、他者からの影響を受けながら、対象や自分に合うものに更新され続けるものだろう。問いをもち、それを解決し、自分の学びを進めていくための手がかりをいくつかもち、それを場面に応じて使い分けることができるとよい。大切なことは、最後は自分で納得できる解を得ることができるようになるということだ。

［夏坂哲志］

「自立した学び手」に育たない現状

ＡＩ研究者の小津野将氏（オムロン サイニックエックス）は、日本からイノベーションを生み出すために必要な条件を、インタビューで次のように述べている。

「『自由』が何よりも重要だ。若い時に自由にやらせれば、当然、多くの失敗をする。細かく指導すれば、確かに失敗はしなくなるだろう。だが、失敗をリカバリーする方法や、失敗しそうな空気を見極める感性は養われない。失敗の経験は財産だ。」

小津野氏の提言は、これまでの日本の教育に警鐘を鳴らしている。子どもが「自由」に試行錯誤したくなるような授業展開を、我々は進めてきたのだろうか。「自由」な試行錯誤の経験値がなければ、子どもが「自立した学び手」に育つはずなどない。自立の前提には、小津野氏も述べているように「失敗の経験」が財産として必要だからである。

「自由」を奪うと「自立」しない

ある小学校の研究授業を参観した。５年生「平行四辺形の面積」の導入場面であった。

平行四辺形の求積が未習であることを確認した授業者は、次のように指示をした。

「長方形の面積の求め方を使って、平行四辺形の面積を求めなさい」

思わず耳を疑った。この時間に最も大切な見方・考え方は、「平行四辺形の面積は、長方形に置き換えればその公式を使って求められる」ことである。この見方・考え方を子ども自身が発見していく過程に意味がある。ところが授業者は、子どもが本来発見すべきことを、最初から教えてしまった。これでは、子どもたちは単に教師の指示に従って、平行四辺形を長方形に置き換えて面積を求めるだけである。

この場面には、子どもが「自由」に試行錯誤する様相は全くない。教師に指示された通りに、平行四辺形を長方形に置き換えていくだけである。どの子どもたちも面積を求めることはできた。しかし、それだけである。その後、授業者は平行四辺形の面積は「底辺×高さ」の公式で求められることをまとめた。授業は、静かに淡々と展開していった。子どもから呟きが挙がることもなければ、納得の声が挙がることもなかった。そこには、子どもが「自立した」学びを進める姿を垣間見ることは全くできなかった。

「自由」に面積を求めさせることが、教師は怖いのであろうか。それとも、「自由」さを解決場面で保証することによって様々な求め方が発表されたら、それをどのように扱ったらよいのかが分からないから、敢えて「自由」に面積を求めることを封印させているのであろうか。いずれにしても、子どもが「自由」に試行錯誤する場面を保証しなければ、子どもは教師の指示だけを待って問題解決を行う受動的な存在にしかならない。それでは結果として、「自立した学び手」が育つことにはつながらない。

●●●「めあて」「まとめ」「ふりかえり」で子どもは「自立した学び手」に育つのか

近年、学校現場で急速に広まっているのが、授業の冒頭で「めあて」が教師から提示され、授業終末で「まとめ」と「ふり返り」が行われる展開である。「めあて」「まとめ」「ふりかえり」を1時間の授業の中に取り入れることで、子どもの学びが主体的になり、話し合い活動が活性化し、結果として学びが深まり、子どもが「自立した学び手」へと深まるのであれば問題はない。しかし、実態はどうであろうか?

「めあて」「まとめ」「ふりかえり」で授業構成される公開授業は、私が参観する授業の90%を超える。そのほとんどの授業での子どもの様相は受動的であり、形式的に話し合いをさせられている。結果として学びは浅くなり、「自立した学び手」が育っているとは言い難い現実がある。

　このような実態があるにも関わらず、「めあて」「まとめ」「ふりかえり」が1時間の授業の中に組み込まれていないと、校長や教育委員会の指導主事から指導を受ける自治体や学校があるそうである。実際に子どもたちに算数授業を行う教師を指導する立場にある方々は、なにを根拠にこのような指導を推し進めるのであろうか。

●●● 「自立した学び手」を育てる教師は「自立」しているのか

　全国学力・学習状況調査の児童意識調査項目に、かつては次のものがあった（図1）。

「授業のはじめに目標（めあて・ねらい）が

	当《あ》てはまる	どちらかというと、当《あ》てはまる	どちらかというと、当《あ》てはまらない	当《あ》てはまらない
(41)　授業《じゅぎょう》のはじめに目標《もくひょう》（めあて・ねらい）が示《しめ》されていたと思《おも》う…	1 —	2 —	3 —	4
(42)　授業《じゅぎょう》の最後《さいご》に学習内容《がくしゅうないよう》を振《ふ》り帰《かえ》る活動《かつどう》をよく行《おこな》っていたと思《おも》う……	1 —	2 —	3 —	4

図1　児童質問紙調査
（平成27年度 全国学力・学習状況調査）

示されていたと思う」

「授業の最後に学習内容を振り返る活動をよく行っていたと思う」

これらの項目で、高い割合で「当てはまる」と答えていたのが、全国学力テストでトップクラスの成果を上げている秋田県である。このことから、1時間の授業に「めあて」「まとめ」「ふりかえり」を取り入れれば学力が高くなると考えられている教育委員会や校長がいるようである。

しかし、2つのデータには、本当に因果関係はあるのであろうか？　一部の人間が勝手にそこに因果関係があると思い込み、「めあて」「まとめ」「ふりかえり」を形式的に取り入れる授業が正しいスタイルだと主張しているだけではないだろうか。主張するだけならまだしも、それを他人にも押しつけているのが現場の現実である。

前項で、子どもの試行場面に「自由」が必要なことを述べた。「自由」を保証しないから、「子どもは自立した学び手」へと成長しないのである。「自由」が必要なのは、授業を展開する教師にも当てはまるのではないだろうか。「めあて」「まとめ」「ふりかえり」を1時間の授業の中に組み込まないと上司から指導を受けるような形式的授業スタイルが蔓延している教育現場に、教える側の「自由」があるとは到底思えない。教える立場の教師にも教え方の自由がなければ、「自立した学び手」を育てることなどできない。「自立した学び手」を育てる前に必要なのは、教師自身が「自立」していくことではないだろうか。

「めあて」が教師から一方的に提示されると「自立」しない

授業の具体例で考える。２年生「三角形と四角形」の導入場面を例に考える。授業者は、下図（図２）のような三角形・四角形を提示し、次のように投げかけた。

「今日の授業のめあては、『図形の辺に目を付けて仲間分けをしよう』です。」

学習指導要領算数解説編の該当頁には、次の記述がある。

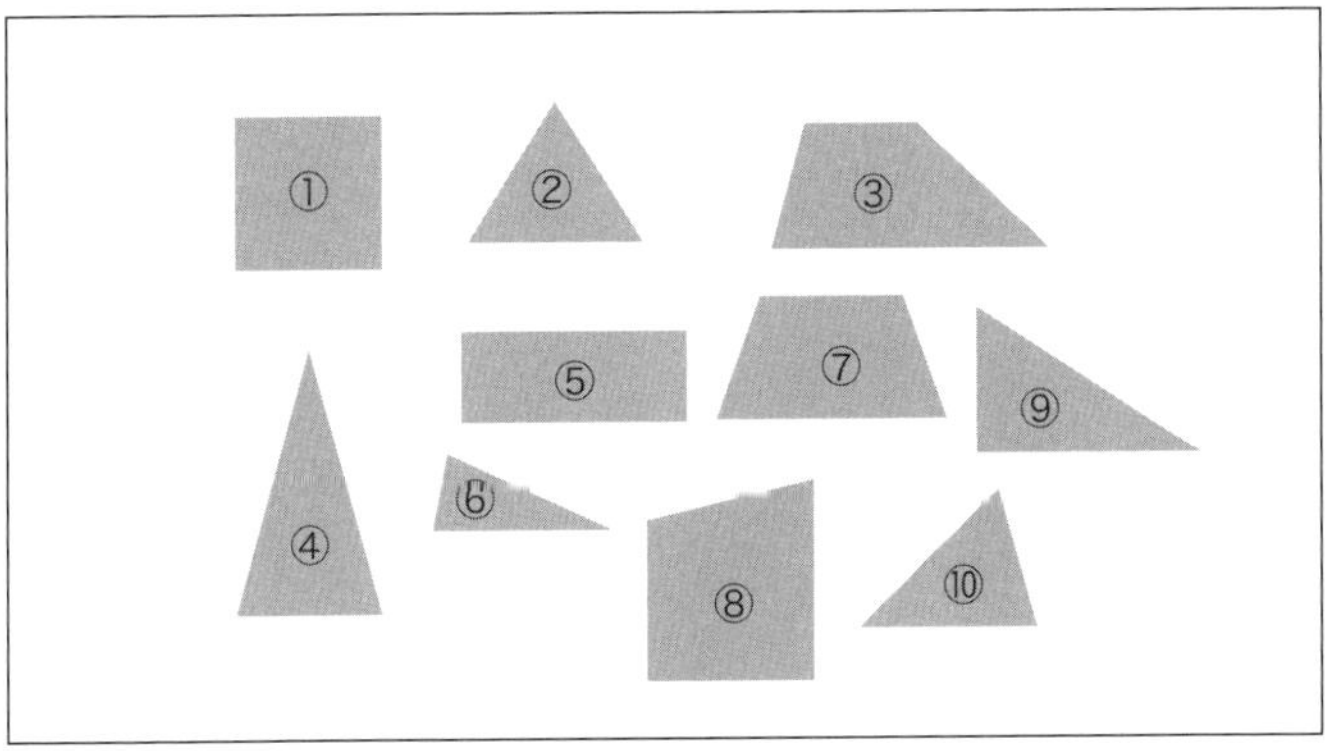

図２　「三角形と四角形」の導入例

「イ　次のような思考力、判断力、表現力等を身に付けること。（ア）図形を構成する要素に着目し、構成の仕方を考えるとともに、身の回りのものの形を図形として捉えること。」

学習指導要領解説で述べている「図形を構成する要素」とは、「辺や頂点、角」のことである。この視点で考えれば、図形の辺に目を付けて提示された図形を仲間分けすること自体に問題はない。しかしである。図形を構成する要素に着目する主体は、誰であろうか。当然であるが、それは子どもである。仲間分けを始めた子どもの中から、「辺の数に目を付けたら、簡単に仲間分けができそうだ」と「課題意識」を持った声が挙がってきたのであれば問題はない。しかし、まだ子どもが仲間分けを始めてもいないのに、「今日の授業の『めあて』は、『図形の辺に目を付けて仲間分けをしよう』です」と教師が子どもに投げかけたら、どうなるであろうか。

子どもは「『めあて』は辺に目をつける」と指示をされたので、辺だけに着目して仲間分けを始める。これでは教師に指示された通りに動くだけである。このような授業を進めても、主体的な学びの姿を引き出すことなどできるはずもない。そこには，自分が「課題を設定」する場さえもない。「自立した学び手」とは、学びに対する姿が主体的であることが前提条件である。子ども自身が学びに対して主体的でなければ、場面を拡張して考えたり、反例を考え出したりして「学びを深化」させていくことなどできないからである。

「めあて」は子どもが「見いだす」ものであることは、文部科学省の「算数・数学の学習過程のイメージ」資料（図3）に、「事象を数理的に捉え、数学の問題を見いだし、問題を自立的、協働的に解決することができる」と明記されていることからも明らかである。「数学の問題を見いだ」す主体は子どもである。それにも関わらず、前述のように教師が自分が考える授業（本時）の「めあて」を一方的に子どもに提示

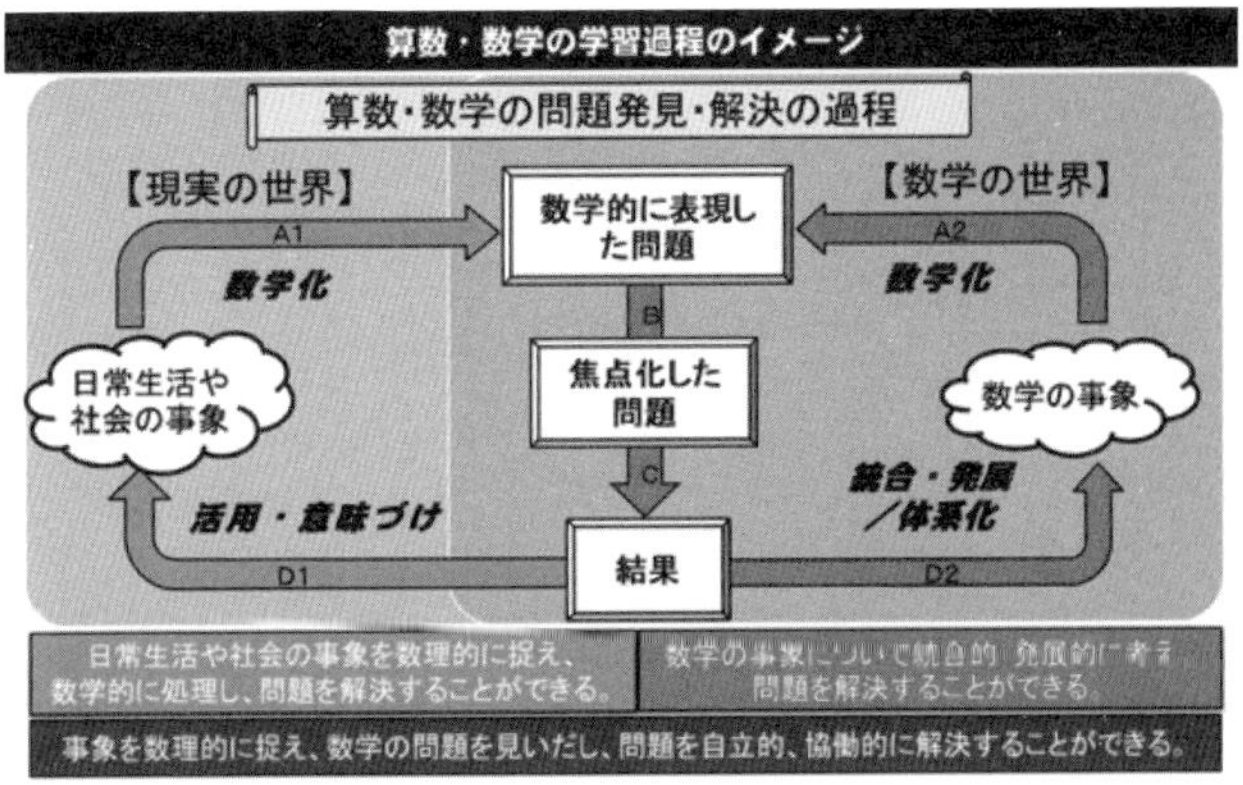

図3　算数・数学の学習過程のイメージ
（中央教育審議会「幼稚園，小学校，中学校，高等学校及び特別支援学校の学習指導要領等の改善及び必要な方策等について（答申）別添資料」）

している授業が蔓延しているのが実態である。

前述の授業では、教師から指示された「辺」に目を付けた仲間分けが進んでいった。教師から「辺」に注目するように図形の構成要素の視点が示されていたため、子どもたちの仲間分けはほぼ同じになった。なぜであろうか。それは、「めあて」そのものが教師からの一方的な押し付けになっていたからである。子どもが考えたいと思ってもいないことを「めあて」だと提示されても、子どもにとってはそこに解決の必要感を抱くことなどできない。従って、そこには「自己調整」を行う場も必要感も生まれない。

「めあて」を板書に位置付けたいのであれば、子どもの「問い」を「めあて」としなければいけない。そこから子どもの「自由」な追究が生まれ、それが「自立した学び手」を育てることへもつながるからである。

●●● 強制的な対話から「自由」が消える

5年生「割合」単元の公開授業の一コマである。授業者は次の問題を提示した。

「シャンプーが15％増量で売られています。増量後のシャンプーは４６０㎖です。増量前のシャンプーの量は何㎖ですか。」

問題文を提示した後、授業者は「わかっていることは何ですか」「尋ねられていることは何ですか」と子どもたちに尋ねた。問題に子どもたち一人一人が真剣に取り組む前のことである。ここにも、子どもが問題解決に立ち向かう「自由」が保証されていなかった。

授業はその後、「増量前のシャンプーの量がもとにする量なのか比べる量なのか分からないから図を使って考えよう」と教師から一方的に「めあて」が設定され自力解決が始まった。図を使って、問題を解決していく子どもがいる一方で、うまく図が描けずに困っている子どもの姿も見られた。このように困っている子どもがまだいたのにも関わらず、授業者は「グループで自分の考えを話し合いましょう」と投げかけた。学習指導要領で「対話的な学び」による授業の改善が提唱されてから、よく見かけるようになった光景である。

しかし、このようなグループ活動で行われていることは、本当に対話なのであろうか。グループでの子どもの様子を観察していると、首を傾げたくなる光景が見えてくる。

「増量後のシャンプーが４６０㎖でしょ。これは増量前より15％増えているんだよ。だからこれが比べられる量で、増量前のシャンプーがもとにする量だから……」

算数が得意そうな子どもが、他の子どもに一方的に説明を行っている。間違った図を描いている子どももいた。しかし、彼の思いや論理がグループ内で共有されることはなかった。つまりそこで見られたのは、対話ではなく一方的な教え込みであった。これではその子の「論理的思考力」が構築されることはない。

「増量後のシャンプーが比べられる量なんだから、この図は反対だよ」

このように指摘された子どもは、素直に図を修正していた。しかし、そこに論理的な納得があったとは思えなかった。

問題場面を図に置き換えた時にこのようなズレが生まれたのであれば、それを授業の舞台に載せれば子どもは主体的になる。ズレを自覚することで、子どもの追究心に火がつくからである。そのズレから、子ども同士で「学びを整理」していけばよいのである。ところが、「対話」場面を前述のようなグループ活動に半ば丸投げ状態で委ねてしまっては、せっかく生まれたズレがかき消されてしまう。

ところで、グループ対話を行っているときの教師はなにをしているのであろうか。残念ながらなにもしていない教師が多いのではないだろうか。前述のようにグループの中に図の表現方法のズレが生まれていても、それを全体の場で取り上げることをしない。もしかするとグループ内でズレが生じていることや、グループ対話でズレが一方的に収束していることすら気が付いていないのかもしれない。

グループ対話を行うにせよ、全体で対話を行うにせよ、どのような考え方が生まれているのか、そこには考え方のズレはないのかを教師はアンテナを高く張ってキャッチしなければいけない。ところが、「対話」場面の進行を子どもに丸投げし、しかも、そこで生まれた子どもの声に耳を傾けないから、算数が得意な子どもの考え方だけで授業が支配され、結果として「自由」な発想が生まれない。「自由」な発想が阻害されてしまえば、結果として「自立した学び手」が育つはずもない。

●●● 形式的「まとめ」が自立した学び手を阻害する

冒頭で紹介した5年生「平行四辺形の面積」の授業場面である。平行四辺形を長方形に置き換えることで面積が求められることが分かったあと、「『まとめ』を書きます」と言って、「平行四辺形の面積は、底辺×高さで求められます」と授業者は板書した。このように断言されたら、そこに子どもが異論を挟むことは難しいのではないだろうか。

しかし、「自立した学び手」が育ったクラスであれば、それとは異なる反応が生まれてくる。例えば、「今の形は底辺×高さでいいけど、もっと斜めに傾いたらこの式では面積が求められないよ」と先の公式には一般性がないことを疑問視する声があがってくるのではないだろうか。このような反応こそ、「学びを整理」「深化」していく力が発揮された姿と考えられる。ところが、前述のクラスからはこのような声は聞こえてはこなかった。

その原因はどこにあるのであろうか? それは、1つの問題が解決するとすぐに形式的に「まとめ」を行うからである。「まとめ」=「結論」「法則」のように子どもたちは「まとめ」を捉えている。「結論」「法則」を教師から一方的に提示されたら、「そうなんだ」と子どもは納得をしてしまうだろう。この学習が毎時間繰り返されたら、子どもは教師からの「まとめ」を受動的に待つだけの「自立のできない学び手」に育ってしまう。

算数の授業では、1つの問題解決後に形式的に「まとめ」を行う展開をよく目にする。しかし、現実世界ではたった1つの事例で結論を導き出すことはありえない。算数もこれと同様に展開を行えばよいのである。平行四辺形の面積の問題であれば、すぐに「まとめ」を板書するのではなく、「この求め方って、いつでも使えるのかなあ」と、偶然性を問うのである。このように問われた子どもからは、「すごく斜めの平行四辺形だったら、長方形に変身できないよ」と対象場面を自ら拡張した「学びを深化」させた考え方が生まれてくる。

冒頭で紹介したＡＩ研究者の小津野将氏は、日本からイノベーションを生み出すために必要な指導者の条件を次のように述べている。

「指導する側は、いざという時に助け舟を出すにとどめるべきだ。」

教師は子どもの問題解決の先回りをして、様々な制限を掛けたり条件制御を行ったりして「自由」を奪う傾向が強い。それが「自立した学び手」の育成を阻害している。教師は子どもの問題解決の「助け舟」としての役割に徹することで「自立した学び手」が育つのである。

〔尾﨑正彦〕

理想とする「自立した学び手」の姿

問題解決の方略を身につけていく子ども

円の形をした土地の中に、半径上に一直線に並んでいるA、B、2つの家があります。どちらの家にも同じ面積で同じ形になるように土地を分配したいと思います。どのように分けたらよいのでしょうか？

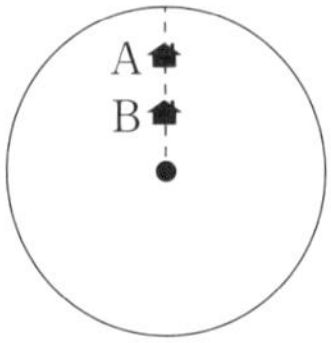

この問題に直面した時、どう問題解決を進めるか分からずに、何もできず、動けない人も多いのではないだろうか。

しかしながら、このままでは解決できなくても、A、B、2つの家を、次に示す場所に置き換えてみるのはどうだろう（図1）。解決方法が思い浮かぶのではないだろうか。

(1)「これならできる」に置き換える

AとBの家が、以下のような場所であれば、半円に切り分けることで、簡単に平等に面積を分けることができるだろう（図2）。

このように、問題解決が上手く進まないときは、「これならできる」という簡単な場面に置き換え、とりあえず問題解決を進めてみる子どもに育てたい。

しかも、この簡単な場面に置き換えたときの解決方法が、実は、問題解決の本質的な考えとなることが少なくない。

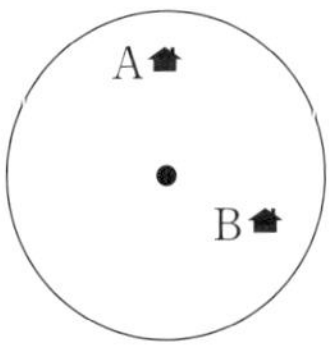

図１　修正後の図

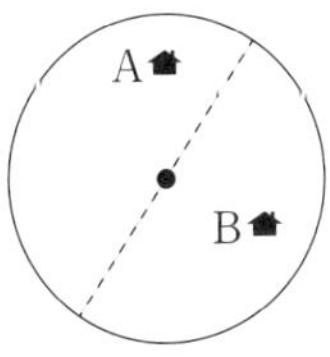

図２　切り分けの例

(2)「こうもできる」と、多様で、そして発展的に考える

簡単にできる場面では、多様に解決方法を見出すとよい。なぜなら、多様であればあるだけ、この後、最初は解決できなかった問題に取りかかる際の、立ち向かうための豊富な手立てとなるからである。

そこで、半円ではない切り分け方を考えてみるようにしたい。5年「合同」や4年「四角形」の敷き詰めの学習で学んだことを活用すれば、半円を下のように変形させることができるだろう（図3）。

実は、この簡単な方法を発展させたこの方法が、問題解決の本質へとつながるのである。

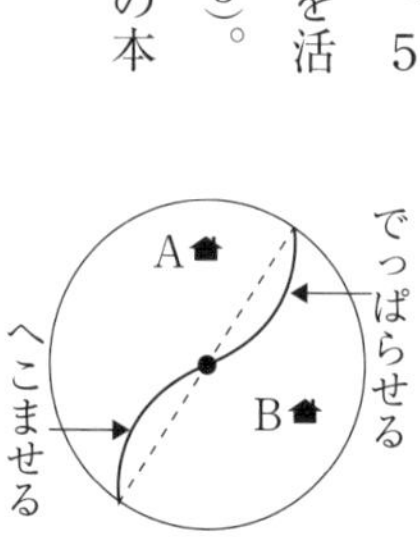

図3　変形の例

(3) 「じゃあ、これもできる」と最初は手がつかなかった問題に取り組む

「でっぱらせて・へこませる」という方法に気づくと、最初の手が付けられなかったA、Bが半形上に一直線に並んでいる問題も、「じゃあ、これもできる」と解決することができる（図4）。

このように、算数の学習では、子どもたちは算数の内容が分かりできればよいわけではない。「問題解決を進めるための方略」を身に付けることが重要なのである。そして、「問題解決を進めるための方略」を身に着けている人こそを、自立した学び手と呼ぶにふさわしいと考える。

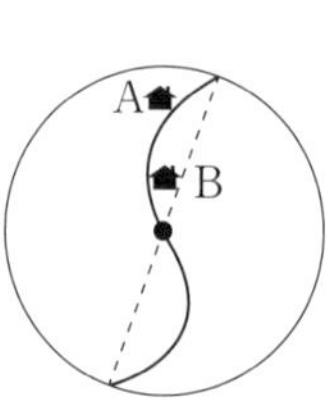

図4　原題の回答例

価値を成長させていく子ども

算数授業において、子どもたちが問題解決に向けて発揮する柔軟な解決方法や考え方、発想、表現方法など、そのどれにも価値がある。つまり、子どもの数だけ価値が存在し、そして、それは多様である。

子どもたちは、仲間の中にある多様な価値に興味をもち、その価値の本質を見出し、価値を認め受け入れ、さらに、自分の中にある価値と融合させていくことで、自らの中にある価値を成長させていくのである。

そう捉えた時、「自分の中にある価値」は、自分だけの価値であってはならないし、また、「他者が持つそれぞれの価値」も、自分と関係なく存在していればよいわけではない。この「価値を成長させていける人」を、「自立した学び手」と呼ぶにふさわしいと考えている。

ここで、1年「繰り上がりのあるたし算」で、「自らの中にある価値を成長させていける人」を具体的に述べてみる。

(1) 多様な価値が存在する意義

> 太郎くんが9個、花子さんが4個どんぐりを拾いました。
> 全部でいくつ拾ったでしょう。

このような問題に直面し、そして、2人の子どもが次のような解決方法をしたとする。

A児「□□□□□□□□□■■■■
　ブロックをおいてみて、1、2、3……と全部を数えたら13個だった」
B児「9に4を足し合わせればいいから、10、11、12、13と数えて13個」

「全部を数える」という方法をしたA児にとって、B児の「数え足し」という方法は、自分では気づくことのなかった、数えることを簡略にするための価値ある方法である。
またA児が用いた「ブロックに置き換える」という方法も、B児にとっては、自分が行った数え足しの方法を言葉での説明でなく、次のように数量を具体物に置き換えて、簡潔で明確な表現へと変化させる、価値のあるものである。

9 ＋ ■ ■ ■ ■

10 11 12 13

このように、A児の方法もB児の方法もお互いにとって価値のあるものである。これが、多様な価値が存在する意義といえる。

(2) 自ら「価値」を問う

B児は、A児がブロックに置き換えて解決方法を説明しているのを淡々と聞いているだけでは、自らの価値は成長していかない。大切なことは、「どうしてブロックを使おうと思ったのだろう?」と、ブロックで表現することの価値の解釈を、自らに問い、その価値を明らかにするようにする必要があるのである。

B児の数え足しの方法においてもそうである。淡々とB児に「9に4を足し合わせればいいから、10、11、12、13と数えて13個でした」と発表させ、それを聞いているだけでは、価値は意識されない。

「どうして9から先だけを数えようとしたんだろう?」と、やはりB児の発想の価値を、自らに問うことで、その価値を明らかにしていくことが大切なのである。

(3)「価値づけ」をする

C児が次のように発言したとしよう。

C児「花子さんの4個のうち1個を太郎くんあげると、花子さんは3個、太郎くんは10個になるから、10＋3＝13で13個」

この解決方法は、A児、B児にとって、「10をつくる」という発想はなかったわけであるから、自らを成長させる素晴らしい価値のある方法といえる。

しかし、もしも教師が、その価値を受け入れさせるために、「いいことといったね！　みんなCさんがすごいことを言ったから、もう一度よく聞いてみよう！」と、全面的に誉めるという評価をし、価値を全員に伝えたとしよう。ここでの、教師の誉めるという行為は、本時のまとめを教師の代わりに子どもに言わせただけの、いわゆる「教え込み」と何も変わらない。「数える」という方法を用いたA児とB児にとっては、C児の発表を聞いたとき、その価値を見出そうとするどころか、「計算の仕組みも分からなければ、何のためにやっているのかの意味も想像できない」と感じている方が普通だろう。それなのに、教師から「この方法はいい」と価値をきめてしまったのである。これでは子どもたちには自ら価値を得ることはない。

「10をつくる」ことの価値は、A児やB児が自ら解釈し、その価値を自らで見出さなければ、自らの中にある価値を成長させることにはつながらない。だから、めあてを達成するような素晴らしい発言が子どもからなされた時こそ、教師は一歩引いて構え、「C君の言っていたことといい話に聞こえた？」とか、「A君、B君がしたように数えればいいなのに、なんでわざわざ花子さんは太郎くんに1個あげることにしたんだろうね？」などと、「10をつくること」の価値を子どもに問いかけるようにし、子ども自身で「価値づけ」ができるように促すことが大切である。

それによって、A児、B児が、「そうか、10をつくりたかったんだ。9＋4はすぐに13とはわからないけど、10＋3は10と3だから13ってすぐ分かる。10をつくるのは、たし算がかんたんになってすごくいい」と解釈することができれば、自らの価値を成長させたということになる。

もちろん、教師に価値を問われるのではなく、「C君の言っていたこといい話だなぁ」と自ら価値を感じたり、「なんでわざわざ花子さんは太郎くんに1個あげることにしたんだろう？」と価値の意味を自らに問いかけたりすることができることが大切である。

(4) 自らでは想像もつかない「発想」に触れ、価値を見出す

次のような発想が出れば、その「価値」に触れ、価値を見出させることが大切である。

D児「もし太郎くんが10個拾っているとしたら、10＋4＝14で14個拾ったことになる。

でも本当は9個だから、14個から1個減らして14－1＝13で13個」

このような「発想」をすることができるのは、これまでに、その発想に至る経験をしてきており、そこに価値を見出しているからである。逆を考えれば、発想ができない子どもは、その発想するに至る経験をこれまでしてきていないか、していてもその価値を見出す

ことなく見過ごしてきたといえる。つまり、自分の中にその発想が「価値のあるもの」として位置付いていないので、発想することができないということである。そう考えると、「発想」をさせるには、どこかでその「発想」に触れ、その「発想の価値」を自ら見出し、自分の中にその価値を位置付ける必要があるのである。

だからこそ、そんな価値ある発想に直面したら、「D君はどうしてそんなふうに考えようと思ったんだろう?」と、発想の価値を自らに問えることが大切である。

もし、まだ発想の価値を自らに問えない子どもならば、教師から積極的に、「D君の方法はいい方法に感じた?」とか、「D君はどうして、ほんとは9+4なのに、わざわざ10+4にしたんだろうね?」などと、学級全体にその価値を問いかけ、子どもたちで価値の意味を見出し、価値あるものとして子どもたちの中に位置付けさせることが大切である。

「そうか! 10をつくりたかったんだ。9+4はすぐに13とはわからないけど、10+3は10と3だから13ってすぐ分かる。10をつくるのは、たし算がかんたんになっていいね」

このように、仲間の中にある多様な価値に興味をもち、その価値の本質を見出し、価値を認め受け入れ、さらに、自分の中にある価値と融合させていくことで、自らの中にある価値を成長させていく子どもが、「自立した学び手」と呼ぶにふさわしいと考えている。

●●● 分からなさ・困っていることを課題として設定できる子ども

教科書に記されているような、理想的な流れで授業が展開されることは多くはない。なぜなら、教科書では表現されない、「困っていること・分からなさ」が子どもそれぞれにあるからである。子どもは、その「分からなさ・困っていること」と正面から向き合い、それを仲間とともに考えながら乗り越えていく中で、自らを変容させていくのである。そういう子どもは、「自立した学び手」と呼ぶにふさわしいのだろう。

つまり、授業で子どもが表出すべきものは、「分からなさ・困っていること」であり、それを「解決すべき課題」として設定し、問題解決を進めていくのである。

ここで、「分からなさ・困っていることを課題として設定できる子ども」の具体を、5年「商分数」を例にして述べてみる。提示した課題は、次の通りである。

> 3mのリボンを4等分に折り、1つ分と3つ分のところで切り分けます。3／4mのリボンは、切り分けたリボンのどちらでしょう?

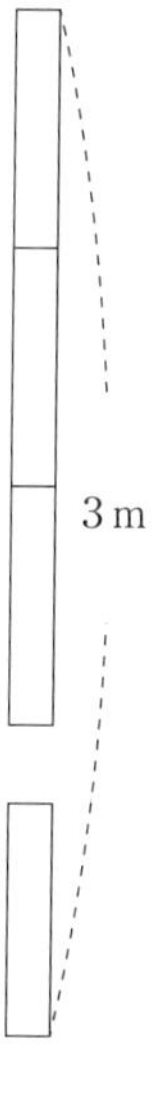

半数の子どもは、テープが４等分されているという見た目からだろう、「４等分したうちの３つ分の長い方のリボン」を選んだ。量分数と割合分数を混同している典型的な誤答である。

もちろん、「３／４ｍは１ｍより短いから、それはちがう」「３／４ｍは、１ｍを４等分して25㎝で、その３つ分だから75㎝。短い方のリボンを測ると75㎝だから、短い方が３／４ｍ」という、短いリボンが正答であるという発言もでた。

そして、このことから、「３ｍを４等分するから式は３÷４、答えは３／４だから、３÷４＝３／４」と、正答を見出すに至った。

(1)「分からなさ・困っていること」を明らかにする

「３÷４＝３／４」と見出したのではあるが、納得がいっていないような顔をしている子どもが何人もいた。すると、「結果は、３÷４＝３／４となることは分かる。でも、３÷４

＝3／4となるイメージが湧かないから、よく分からない」と、「分からなさ」を表現する子どもが現れた。

私は、「イメージが湧かない」ということの意味が理解できなかったので、「イメージが湧かないってどういうこと?」と、「分からなさ」を聞いてみた。すると、次のように述べた。

「1〔m〕÷2＝1／2〔m〕は図でイメージが湧く。「1÷」はピザでもイメージが湧くの。でも、3÷はイメージが湧かないの。3のピザがかけないからイメージがうまく湧かなくて。だから、3÷4＝3／4がよく分からない」と、「3のピザがかけない」という「困っていること」を表現した（図5）。

この一連のやり取りで分からなさと困っていることの真相をはっきりと理解したので、私は、「先生は、3のピザをかけるよ」といい、大きな円を黒板に描いて見せた。

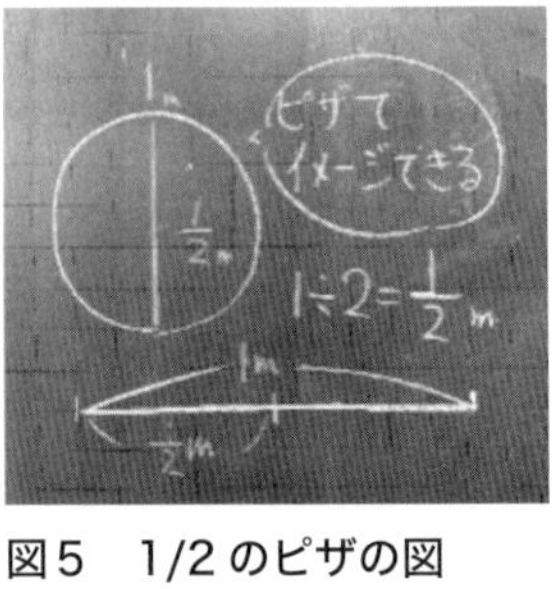

図5　1/2のピザの図

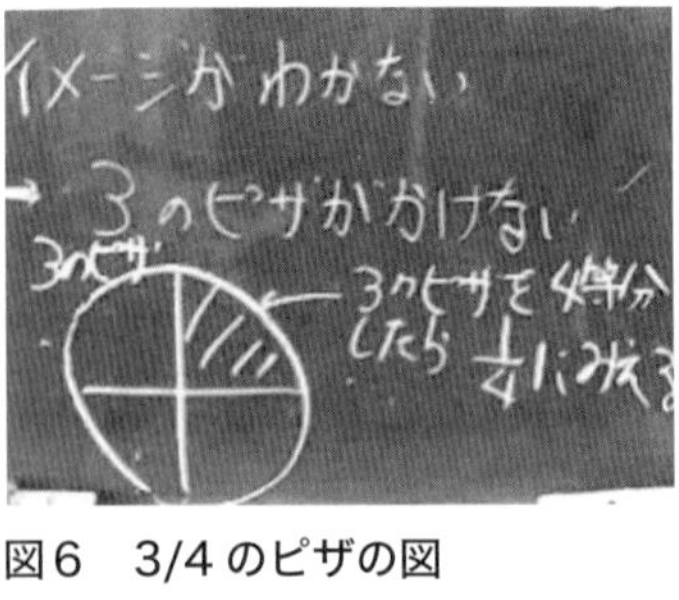

図6　3/4のピザの図

子どもたちは、「大きな円」をみて、「それだから困っているの!!　その大きな丸が3のピザだとしても、4等分した1つ分は1／4に見えて、3／4には見えないでしょ」と、「分からなさ・困っていること」の意味をはっきりさせた（図6）。

(2)　「分からなさ・困っていること」を課題にする

「分からなさ・困っていること」が明確になったことで解決すべき課題が子どもがつぶやかれた。そして、そのつぶやきが全員で解決すべき課題として設定された。

> 4等分した時に、3／4が目で見える3のピザは描ければいいのに……。そんなピザは描けないのかなぁ？

この課題に対し、「1のピザを3つ描くと……」と、突破口を開く子どもが現れた。あとは、子どもたちの発言に

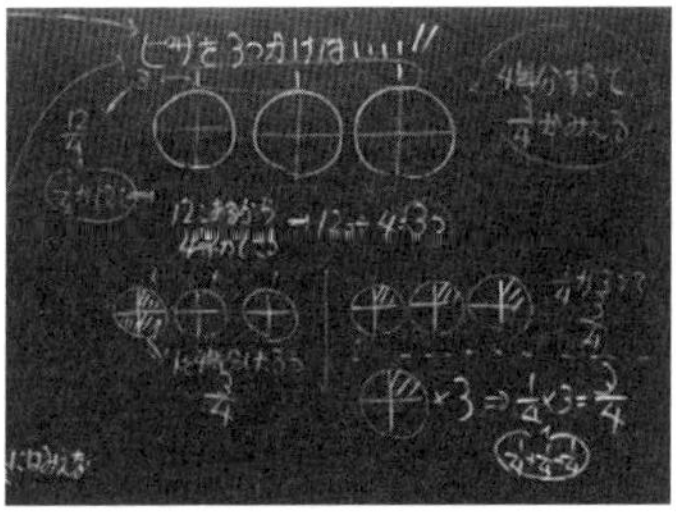

図7　3/4の意味の追求

より、次のように、3÷4＝3／4の意味を明らかにしていった（図7）。

このように、課題とは、子どもの内から生まれくる、問題解決を進める上で必要不可欠な、主体的に解決すべきものでなければならない。そしてそれは、「分からなさ・困っていること」を吟味することで浮かび上がってくることが多い。

つまり、「分からなさ・困っていること」に正対し、素直に表現し、それを自らの解決すべき課題として設定できる子どもを、「自立した学び手」と呼ぶにふさわしいと考えている。

算数授業は正解至上主義になりがちである。しかし、それでは「分からなさ・困っていること」は子どもから表現されない。教師の役割は、子どもを「自立した学び手」へと育てることである。本書が、授業を見直すきっかけになればと思う。

［大野　桂］

Chapter

2

「令和の日本型学校教育」における自立した学び手の育成

「協働的な学び」と自立した学び手

他者から学ぶ

(1)「援助要請」という学習方略

子どもは、最初は保護者や教師の言う通りに学び始める。数の唱え方や数字の書き方といった知識だけでなく、教科書の使い方やノートの書き方などに至るまで、すべて教えてもらいながら学びがスタートする。そこで大切なのは、依存できる安心感である。少しでもわからないことがあったら、尋ねることができる。尋ねたら教えてもらえる。その安心感は、「わからない」と言える態度を育むことになる。

特に低学年の頃は、わからないことや迷ったことがあったら、「友だちや先生に尋ねる」を学び方の一つとして教えることが大切である。そして、実際に子どもがわからないことを尋ねてくることがあったら、本人が明るい笑顔になるまで丁寧に対応する。こういった経験は、授業中に「なんでこうなるの？」と問いを発することができるようになるための礎となる。

わからないことを質問したり、うまくいかないときに助言を求めたりする態度は、学習方略の一つとして「援助要請」と言われている。学習において有効な情報や高い能力をもっている他者を学習資源の一つと見ると、そこにアクセスして学ぼうとすることは、自己調整をして学ぶ態度として必要で、自立した学び手の重要な条件の一つと考えられる。

逆に「自分でよく考えなさい」や「どうしてこんなこともわからないの」といった心無い言葉をかけると、子どもは委縮し、素直に問いを発することができなくなってしまう。安心して依存できないのだから、わからないことを隠し、むやみに丸暗記をしてみたり、意味もわからないのにとにかく答えを出すことができる手続きだけ学ぼうとしたりする。

このように他者を頼らず自分だけで解決することに価値をおくことは「援助要請」の行動を抑制するのみならず、算数の本質から離れた学び方に追い込んでしまう可能性がある。他者から学ぶことを阻害する要因を軽減し、他者からの学びを促進する環境をつくってあげることが自立した学び手を育てる「最適」な学習環境といえる。

(2) 学びの選択肢

問題解決の算数授業では、自分で考える時間を保証するという考え方のもと、「自力解決」の時間を十分にとる場合がある。それに対して、筑波大学附属小学校算数部は、わからない状態にある子どもにいくら時間を与えても変容はあまり見られず、むしろそれは子どもを一人ぼっちにして悩ませるだけであるという考え方を示した(『筑波発 問題解決の授業』)。自力解決の時間を長くとる必要はなく、問題に対する子どもの初発の考えや問い、困り具合を確認したら、早めに集団で解決する時間に展開するという考え方である。そして、適宜自力で考える時間をとり、個と集団の学びを往還する柔軟な授業展開を創造したのである。

しかし、これからの学習を考えた時、学びの場は、より選択的で多層であることが求められると考えている。私が最近取り入れている方法は、学習内容にもよるが、問題解決に臨む際の学び方を、次のような選択肢から選ばせることである。

① 自分一人でじっくり考える
② 話したい友だちの所に行って一緒に考える(近くの友だちでなくてもよい)
③ 先生や友だちからヒントをもらって考える

子どもたちの様子を見ていると、あることに気がついた。友だちと一緒に考えようとするとき、ある程度能力的に等質の集団をつくって考えるということである。自然に子どもたちはそのようなグループやペアをつくって会話をしていた。その方が対等に話をすることができる、と言っている子どももいた。対話の内容として、わからないところを共有したり、どの考え方がよいかを吟味したり、発展的な課題をつくって思考したりと様々であった。さらに観察をしていると、問題解決が進まないグループは、解決済みのグループのところに行って、ヒントをもらう姿が見られた。

一人で考えている子どもも毎回数名いた。そういった子どもたちには、「友だちと考えないの？」と声をかけて様子を確認した。一人で考えようとするのは、対人関係における内気や引っ込み思案、友だち関係に何らかの問題を抱えているという消極的な理由からなのか、純粋に問題を一人で考えて独自性を出したいといった積極的な理由なのかによって対応は異なる。子どもたちの様子を捉えて、適切な励ましや価値づけをすることが教師に求められると考えている。

当初、このような形の学びで危惧されたのは、自分で考えようとせず、すぐに答えを教えてもらってしまうのではないかということであった。さすがにすぐに答えだけ教えてもらう子どもはいなかったが、考え方を教えてもらう子どもがいないわけではなかった。友だちの考えを模倣する姿や教えてもらう姿があった。ここで次のような問いが生まれた。友だちの考えを模倣したり、教えてもらったりすることはいけないことなのだろうか。

(3) 友だちの力を借りる意味

私が二十代の頃に学んでいた研究会では、問題解決の際に手がつかないなど困っている子どもには、助言は教師がすると決まっていた。そのため指導案には、あらかじめ子どもの反応を予想し、それに助言を書くように指導された。教材研究をしっかりして、適切な助言をするべきという考え方であり、研究会の時にはどのような支援ができるかを吟味したのである。それは教え込みではなく、いかに子どもの思考を引き出すかに焦点があてられていた。そのため、その当時子ども同士で学び合うとか、子どもが子どもに助言するといった発想はなかった。

しかし、今その見方が変わろうとしている。これまでは、子どもが自分一人で解いた解答を指標として評価し、授業を展開したり、次の授業を考えたりしていた。一人でできる知的活動領域（現下の発達水準）を見ていたのであるが、他者とともにできる活動領域（明日の発達水準）に着目していこうとする考え方がある。周囲の子どもたちの考え方ややり方を見て学び、模倣することで、できないこともできるようになるという学びの考え方である。他者の助けを借りて子どもが今日なし得ることは、明日には自分の力でできるようになる可能性があるという。

この考え方は、ヴィゴツキーの発達理論が支えとなっている。ヴィゴツキーは、最近接発達の領域に目を向けることが大切と主張している（『「発達の最接領域」の理論』）。この最近接領域とは、子どもがある課題を独力で解決できる知能の発達水準と、大人の指導や自分より能力のある仲間との共同でならば解決できる知能の発達水準とのへだたりを指している。このへだたりは、いまは大人や仲間の援助のもとでしか課題の解決はできないが、やがては独力での解決が可能となる領域を意味している。子どもの成熟しつつある知的発達の可能性の領域のことを、最近接発達の領域と言っているのである。

この最近接発達の領域を意識すれば、友だちと一緒に学ぶ時間を保障することの意味が出てくる。特に(2)で述べたように、子どもは自分で学びを調整する姿があり、既に解決ができたグループから答えを聞くのではなく、解決方法のヒントを聞き出し、自分たちで考えようとする姿があった。そうすることで、似たような問題を自分たちで解決できるようになったり、友だちの考えを聞いて新しい考えを思いついたりする子どもがいた。

事後の学習感想には、友だちと話し合いながら考える時間が楽しいとか、友だちの説明を聞いてよくわかった、と書いている子どもが多くいた。おおむねこの学び方は、子どもたちに受け入れられたようだった。

●●● 協働的な学びの中で育てる自立した学び手

子どもは、最初から自立して学べるわけではない。学級というコミュニティの中で少しずつ学び方を学び、「自立した学び手」として育てていくという意識が教師に必要である。では、算数においてどのような「自立した学び手」を目指して育てるべきなのか。本稿では、特に協働で学ぶ中で身につけるべき「自立した学び手」の態度と、その態度を育てるにはどのような授業をするべきかについて、自らの経験をもとに考えを述べる。

(1) 素直な考えをリスペクトする集団にする

算数の学習を阻害する要因の一つとして挙げられるのは、「間違うことの恐れ」である。

間違うと恥ずかしいとか、間違うと頭がよくないといった価値観が教室にあると、子どもは結果ばかり気にして素直に考えることができなくなる。必要なのは、正解したことへのリスペクト以上に、素直に考えたことへのリスペクトである。そのために、間違っていると思われる考えに出合ったときの対応の仕方を教える。私の場合は、次の3つの視点で頭を働かせるように子どもたちに教えている。

① なぜ答えや考えが間違いと言えるのか、その理由を考える
② なぜその答えになったのか、その考えをしたのか、友だちの気持ちを解釈する
③ 正しい答えや方法を考える

自立した学び手は、自分軸をもち、自分の素直な考えを大切にすることができる。友だちとの違いを恐れず、友だちと意見が異なった場合は、どうして違うのか、何が違うのかといったことを自分の持っている算数の概念や考え、価値観（自分軸）と照らして分析したり考えを練り直したりする。そのような知的勇気をもって自分の学びを調整することができる子どもに育てたいと考える。

具体的事例で説明する。5年生の小数の学習での一場面である。

[0]、[1]、[2]、[3]、[4]、[5]、[.]を使って、「最大の小数を作る」という問題について考え

た。ある子どもが悩んでいる様子だったので、何に困っているのかを尋ねると、次のような言葉が返ってきた。

「えっ、わかんない。小数って何？」

戸惑ったような返事だったが、よく聞いてみると、その子どもは小数の概念がわかっていないわけではなかった。２つの答えのどちらが正しいのかで困っていたのである。一つは、「５４３２０・１」。もう１つは、「０・５４３２１」であった。これを聞いて、多くの友だちは「圧倒的に５４３２０・１が大きい」と主張したが、その子どもが困っているのは、そういうことではなかった。

「５４３２０・１の５４３２０は整数で、0.1は小数でしょ。だったら、０・５４３２１の方が小数は大きいんじゃないかな。」

この子どもは、小数を整数部分と小数部分に分けて見ていて、小数部分を最大にする問題という解釈をして悩んでいたのである。小数は、数や量で、単位１に満たないはしたの部分を、位取り記数法に従って表すようにしたものである。だから、そもそも小数は１より小さい数であるが、現在では、4.8や42・１９５のように、整数と本来の小数との和の形になっている数も、小数としているのだ。そういう意味でもこの子どもの問いは、小数の

意味について深く考えさせられる素直な問いであった。このとき、ある子どもは、

「○○さんがどうして0．54321を最大の小数と考えたかわかります！」

と言ってきた。多くの子どもたちは、すでに誤答に対する対応の仕方を心得ていた。ある子どもが解釈を次のように話した。

「○○さんは、小数第一とか小数第二位とかの位のところを小数と思っていて、一の位とか十の位の数は整数でしょ。だから、小数の位の数を最大にしたんだと思います」

この言葉に、○○さんはうなずいて次のように話した。

「小数って何ですか。整数のところも入れて小数って言うんですか？」

子どもの困りをみんなで共有した後は、「54320・1」は小数であることや、その子どもが考えた通り、小数は整数部分と小数部分に分けて見ることができることを教えた。そう考えると、○○さんは小数の小数部分を最大にするように小数をつくったことになる。また、ある子どもは、「帯分数も同じように整数部分と分数部分に分けて見ることができるよね」と気が付いたことを発表した。子どもの素直な考えに寄り添うことによって、新しい学びができた一場面だった。こういった経験を積むことで、間違いであっても異なる意見であっても、素直な考えに対するリスペクトの心を育てることが大切である。

(2) 協働的な学びによって数学的な見方を鍛える

問題解決の授業では、友だちからヒントをもらうという場面をつくることがある。ヒントを言ってもらうときには、次のように問いかける。

「(図形の) どこを見ればいいのかな」であったり、「(数量や図形の) どの意味を考えればいいのかな」といった数学的な見方をヒントにするように発問をしたりするのである。そうすることで、ヒントを出す側とヒントをもらう側両者に、数学的な見方を育てることができる。

具体的な事例で説明する。4年生の角の学習で、2本の直線が交わる図1を提示した。そして、4つの角の大きさを求める問題を出した。最初にアの角の大きさを分度器で測る子どもがいて、51度だった。その51度がわかった瞬間に「全部の角がわかりました!」と言う子どもたちが現れ、まだ見えていない子どもたちを困惑させた。ある子どもたちには「まだ分度器で

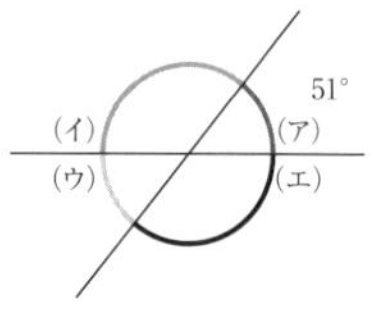

図1　2本の直線が交わる図

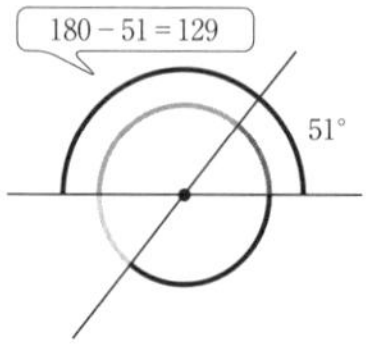

図2　線を入れた図

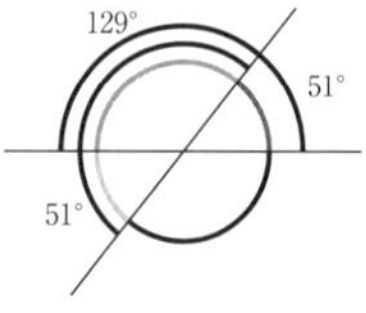

図3　半回転の角を示した図

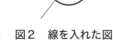

測っていないのになんでわかるの？」という問いが生まれたのである。

そこで、見えている子どもたちにヒントを言ってもらう展開にした。「まだ困っている人がいるよ。どこに着目すればいいのかな」と問うたのである。この問いかけに対して、半回転の角のところに図2のように線を入れた。着眼点がわかった瞬間に見えていなかった子どもたちは「180－51＝129で129」とイの角の大きさを求めることができた。

次にウの角を求めることになったのだが、やはり分度器を使わないで求める方法がわからない子どもがいたのである。また同じように方法が見えている子どもにどこを見ればよいのか、というヒントを出してもらった。図3のように先ほどとは異なる位置の半回転の角を示すことによって、「180－129＝51、51」と導くことができた。数学的な見方には、「数に着目する」、「量に着目する」、「図形に着目する」、「数量や図形の関係に着目する」といった多くの視点がある。数学的な見方と考え方は表裏一体のものであるが、正確には見方が先にあり、その見方によってどの知識・理解を働かせるか、どのように働かせるかが決まってくる。つまり、見方・考え方には、順序性があるものと考えている。したがって、見方をヒントにして子どもに数学的に考えさせるという指導が成り立つ。結果的にヒントを出す側も出される側も数学的な見方を鍛えることができる。

［盛山隆雄］

「学習の個性化」と自立した学び手

「学習の個性化」について

いろいろなキーワードが出てくると、何をすればよいのか現場は困ってしまうことがよくある。「個別最適な学び」「協働的な学び」「指導の個別化」「学習の個性化」など、多くのキーワードが出てくるが、実際に何をすればよいのか、研究する時間もないというのが現場の先生方の本音ではないだろうか。

「学習の個性化」については、「個々の児童生徒の興味・関心などに応じた異なる目標に向けて、学習を深め、広げることを意味する」と令和三年答申中にも示されていた。算数科においては、子どもたちが問題を自分で発展させていくということは大切にされているし、わたしも自分で問題を発展させていく子どもを育てたいと日頃から思っている。

キーワードが出てくると、難しく考えてしまうのだが、算数科における「学習の個性化」とは、簡単に考えれば、「子どもが自分で問題を発展させていくこと」と捉えられると、わたしは考えている。ただし、子どもたちの発達段階もあるので、1年生から6年生では、そのイメージは異なる。

●●●「自立した学び手」とは？

わたしが初任者だった頃、授業が終わったときに、当時のわたしがすばらしいと感じるノートを完成させている子どもがいた。何もわかっていなかったわたしは、黒板に書かれていることを、きれいな字でノートに写していたその子どもがしていることがすばらしいと感じていた。その子どもも「先生、見て」と、算数の時間にがんばって書いたノートをわたしに見せてくれていた。この子どもが、がんばっているということにまちがいはない。

しかし、このような姿は「自立した学び手」とは言えない。

なぜ、自立した学び手と言えないのか。この子どもは内容を書き写しているが、理解しているかどうかはわからない。その日の内容に興味があるのかどうかもわからない。こだわりがあるのかどうかもわからない。黒板と同じことをただ写しているだけかもしれない。がんばった子どもに対して、少し酷だが、そのようなことを今は感じてしまう。

子どもたちが自立した学び手になるということは、それぞれのノートに書かれていることがちがってくるはずである。同じ時間を過ごして、同じことを学んでいるのだが、その時間に一人一人の子どもが吸収していることはちがう。

ある子どもは、その日に解いた問題の続きの問題を自分で作り、筆算をいくつも書いている。ちがう子どもは、一つの筆算について、図をかいてそれぞれの数が図のどこと対応しているのかを書いている。ある子どもは、自分で気がついたことを忘れないようにノートに書いている。三者三様だが、このような姿は自立した学び手だと言える。自分のノートに書かれていることは、自分が興味・関心をもったことであってほしい。

子どもたちが興味・関心をもつためには、わたしたちが日々の授業を学びのあるものにしていかなければならない。子どもたちが続きを考えたくように見せることや、発問を工夫することなど、これまで学んできたことも含めて、授業改善を行っていく必要がある。

一人一台端末が導入されている中、時代と逆行しているが、わたしは、子どもたちが自立した学び手となるためには、子どもたち自身が自分のノートを創り上げることは大切だと思っている。教師は子どもたちが続きを考えたくなるような授業をして、その授業の中で、子どもたちが興味・関心をもったこと、まずは自分に考えられることを、ノートにどんどん書いていけるようにすることが大切である。

●●● 自立できないようにしていないか

久しぶりに一年生の担任となった。四月の一年生は、これからひらがなを習うという状態である。とはいえ、まったく字を読むこともできず、書くことができないのかというと、案外そうでもない。ゆっくりだが字を読むことができたり、自分の名前やお手紙もかわいいひらがなで、なんとか書いたりすることもできる。数字も同じである。見たことがあるので、読むことができる子どもがほとんどである。「8」や「9」や「0」は、どこから書き始めるのかよくわからない子どももいるので、きちんと教えてあげないといけない。ひらがなにしても、正しい書き順などは、国語の時間に教えて練習させる必要がある。そんな中、絵はかくのがすきだという子どもが多い。

ノートの書き方はどうだろうか。ある程度のことは教えないといけないのだろうが、「日付はここに書く」「マスから字がはみ出さないように書く」「こんなときには赤で囲む」など、いろいろなことを形式的に言われると、きっと一年生は何もできなくなる。

わたしたちもそうなのだが、「〜しないといけない」という意識が働けば働くほど、だんだんとやる気を失ってしまう。そんなことを考えると、一年生のノート指導の段階で、わたしたちは「自立した学び手」を育てることに失敗してはいないだろうか。

●●●「いちごをあらわそう」

一年生の子どもたちとの４回目の算数の授業である。

「いちごをあらわそう」と板書して、子どもたちのノートを見て回る。すぐにノートに同じように字を書こうとする子どもがいる。「どこにいちごがあるの？」と、わたしに尋ねる子どもがたくさんいる。「まだないよ。この後貼るからね」と言いながら、「まずは黒板の字が書けるかな」と子どもたちに促してみる。ここは全員同じで構わないので、子どもたちがどのくらい書けるのかを見て回る。何も書けないというのは困るので、書けていないときには声をかける。ただし、「はじめのうちは字がマスからはみ出ても大丈夫だよ」「自分に書ける字の大きさでいいよ」などと言い、子どもたちの心のハードルを下げて

図１　黒板に貼ったいちご

いく。

全員が「いちごをあらわそう」と書いた時点で、「先生、『あらわす』って何?」と尋ねる子どもがいる。「表すって言葉が難しかったね」と言うと、「表すって、絵とかでかくことじゃない」と言う子どもがいる。「そうだね。表すっていうのは、絵とかでかくことだよ」と、子どもたちに伝えてから、いちごを黒板に貼った（図1）。

「いちごが6こある」と、大きな声で子どもたちが言った。「本当に6こある？　だれか数えてくれるかな」と言うと、ある子どもが「2、4、6」と数えた。その子どものまねをしてみんなで「2、4、6」と数えていく。2とびの数え方をみんなで練習した後、「今日のお勉強は『いちごをあらわそう』というお勉強だから、今の『2、4、6』をノートに表してみよう」と、子どもたちに言った。

すると、「先生、どうやって表せばいいですか?」と素直な言葉が出てくる。「どうやって表そうか?」と返すと、「絵でかけばいいと思う」「数字でかけばいいと思う」など、子どもたちからの言葉が出てきた。このような場面でも、できれば教師から「絵でかこう」とかは言いたくない。

一年生なので、多くの子どもがかわいいいちごの絵をかいている。そんな中、いちごを三角でかく子どもと、まるでかく子どもがいた。ひょっとしたら、絵をかくのが苦手なのかもしれないが、絵ではなくすでに図でかいている。この時点ですでに自分なりの表現をすることができている。一年生でも十分にオリジナルのノートになっている。

「前に出ていちごを表してくれる人？」と言うと、たくさんの子どもが手を挙げた。ある子どもは、黒板に貼ってあるいちごの絵といちごの絵の間に線を3本引いて、「2、4、6」を表した。他の子どもは「6は、2と2と2だよ」と数を使って表した。黒板に絵ではなく、図をかいてくれた子どももいた。はじめに図をかいた子どもは、「▽」の向きの三角でいちごを表現していた。そのあたりがおもしろい。「ぼくは○でかいた」「わたしはいちごを□

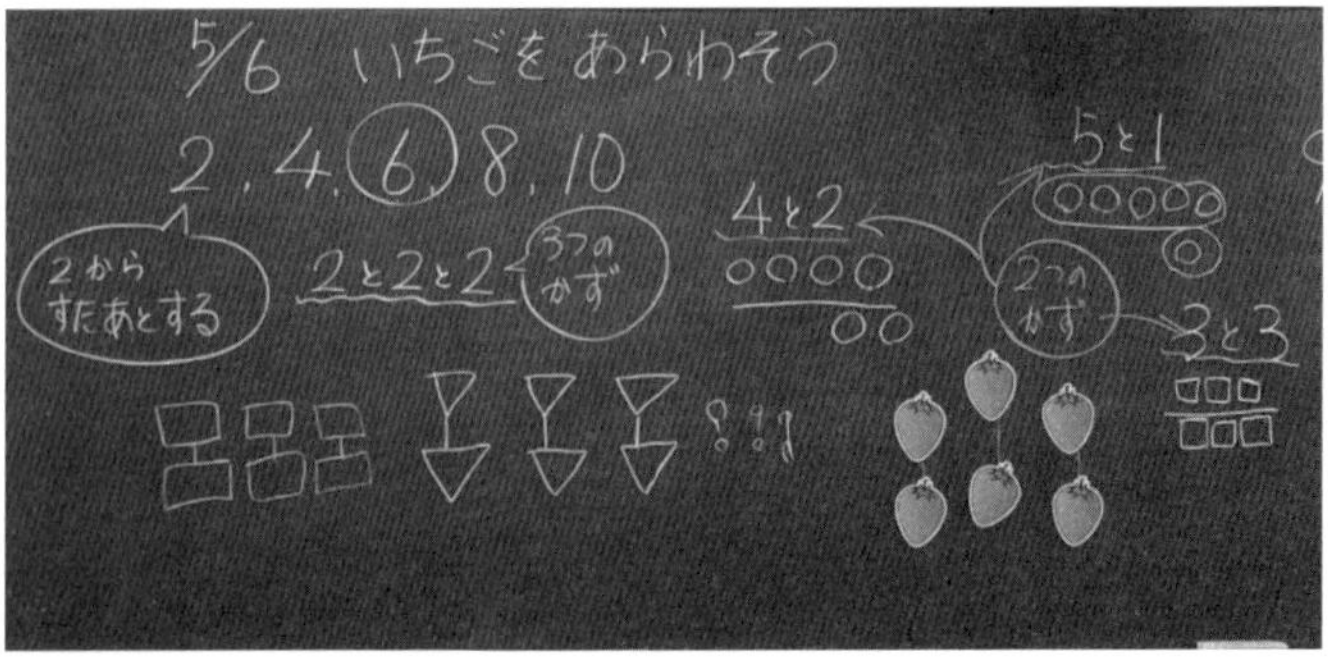

図2　子どもたちの表現

にした」と言い、黒板にそれぞれの表現を残していく姿がよかった。

その後、「6は、4と2だからわたしは4こと2こに分けてノートに書いた」「ぼくは6を3と3に分けてかいた」「わたしは6を、5と1に分けた」と、次々に子どもたちの表現が出てきた（図2）。

「こういうのは絵ではなくて、算数では図というんだよ。図でかくと数が表しやすいね」と、子どもたちの表現を価値づけいった。

●●●低学年の子どもへの言葉かけで意識したいこと

子どもたちは「こうしないとダメ」と言われ続けると縮こまってしまう。そこで、自立した学び手を育てるために、低学年の子どもたちに対して、次の3つのことを意識しておきたい。

①承認する言葉かけ

「はじめのうちはマスから字がはみ出しても大丈夫だよ」

「自分のかきたいことをかいてもいいよ」

②期待する言葉かけ

「図もかけるといいなあ」「式があるともっとわかるかも」

③価値づける言葉かけ

「図があるとわかりやすいね」「式がかけるなんてすごいね」

「図でかくと数が表しやすいね」

このような言葉かけを意識しておくのだが、低学年の子どもたちの目標もある程度もっておきたい。まずは、「文がかける」「式がかける」「図がかける」というのが第一の目標となる。次の段階として、「図と式のつながりがかける」「式の数が何を表しているのかがかける」というように、式、数、図、文などのつながりがかけることが大切になる。

●●●発展させていくことを意識する

「学習の個性化」ということについて、先ほども述べているが、それぞれの子どもがある問題を解決した後、自分で問題を発展させていくということが大切だとわたしは考えている。授業の中で、「発展的に考える」という経験を多く積んでいる子どもたちは、自分で問題を広げていこうとすることができるようになってくる。授業の中で、発展的に考えた結果、算数の新しいおもしろさが見えてきた子どもは、次の機会にまた問題を自分で広げようとする。しかし、このような経験がない子どもたちに「自分で問題を広げてみよう」と言っても難しい。広げることによって、新しい見方・考え方にふれることができれば、子どもたちは少しずつ自立した学び手に育っていくはずである。

●●● 教師が限定することで、子どもたちが広げようとする

6このいちごを自分なりの表現で表していた子どもたち（図3）。この授業をするときに、わたしは子どもたちに「6は、1と2と3にも分けられる」という見方にも気づいてほしいと思っていた。しかし、先ほどまでの展開では、子どもたちからこの見方は出てこなかった。

そこで、「6は、2と2と2になっていたね。これだけ分け方が他のとはちがうね」と言った。すると、「あっ、確かに、2と2と2だけ、3つの数に

6は、
2と2と2
1と5
2と4
3と3
4と2
5と1

図3　6の表現

なってる」「他のは、2つの数になっているよ」と言い出した。

子どもたちの意識が数の分け方に向いたところで、「6を3つに分ける方法はこれ（2と2と2）しかないよね」と、あえて限定した。

わたしは、子どもたちが発展的に考えることを促すときに、「限定する言葉」をよく使う。「〜しかないよね」「〜だけだね」「〜はできるね」などである。このような言葉を使うと、子どもたちは「他にもあるのではないか」と考えることが多くなる。発展的に考えることを促す場面では有効である。

「他にも6の分け方がある」と、元気な声で男の子が手を挙げた。「6は、3と2と1にも分けられるよ」と言うと、「おお、確かにそれでもできる」という声が教室に広がる。

「じゃあ、3と2と1をノートに表してみよう」と、子どもたちに言った。それぞれの表現がノートに記されていく。その後、三人の子どもに自分の「3、2、1」を書いてもらった。図4の右下にある図が出てきたときに、子ども

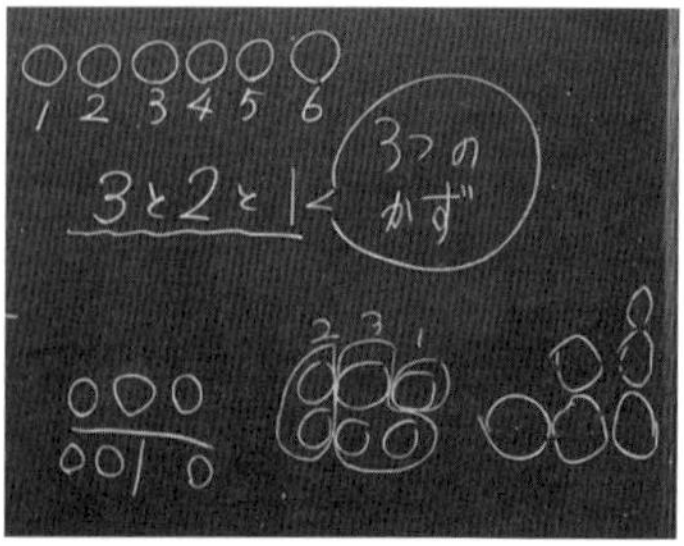

図4　階段のような図

たちから「おもしろい。階段みたい」という声が自然にあがった。きっと、自分にはなかった見方だったのだと思う。

入学して一ヶ月も経っていない小さな子どもたちだが、たくましく育とうとしている。図5に子どもたちのノートを載せているが、このノートが「黒板の写し」や「だれかのコピー」ではなく、それぞれの個性にあふれるものにしていくために、わたし自身、日々の授業を改善していく必要がある。

［森本隆史］

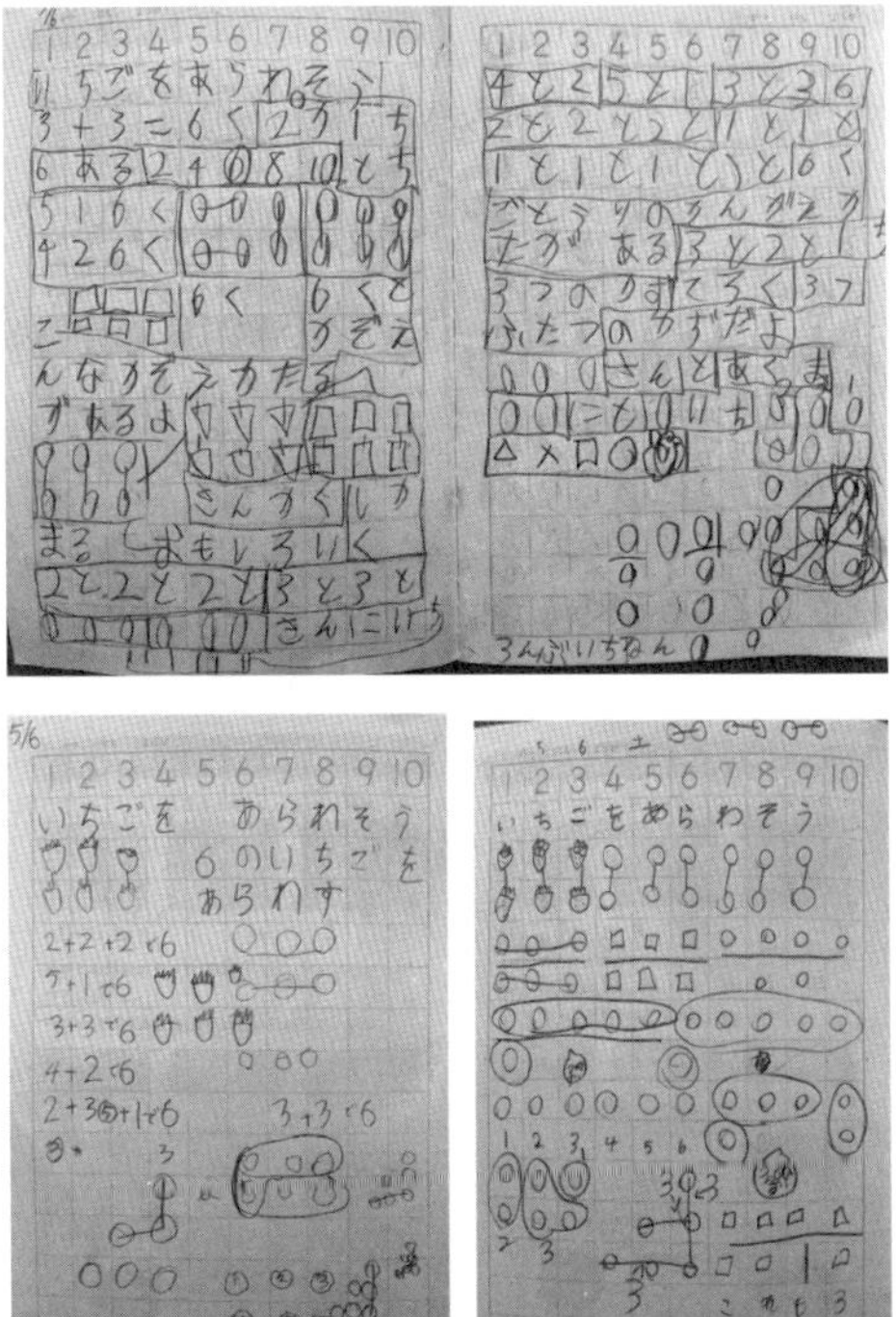

図5　自分なりの表現のノート

「指導の個別化」と自立した学び手

指導の個別化とは

「指導の個別化」と聞けば、児童への指導を全体ではなく個別に行うことだと容易に想像できる。それなら、これまでもやってきているではないかと思ってしまう。自力解決の場面で、個別に声をかけていく。授業の終盤では、プリントやドリルを解いて習熟を図る。休み時間等に、宿題やテストでつまずいている問題を、個別に呼んで指導している先生方もいるはずだ。では、令和の日本型学校教育で示された「指導の個別化」と、これまで我々がやっていた「個別指導」と同義で良いのだろうか。

これまでは主語が教師であったが、今求められているのは主語を子どもにするということだ。どの方法で解くのか、どの図を使うのか等、いつも教師が指示を出し、その通りに学びを進めていては、いつまでも主語は子どもにならない。やはり、「自立した学び手」を育てるには、意識を少し変えていく必要がある。

●●● これまでの「個に応じた指導」

「個に応じた指導」に関しては、平成8年の中央教育審議会おいて、児童生徒の発達段階に即し、ティーム・ティーチング、グループ学習、個別学習など指導方法の一層の改善を図りつつ、その充実を図ることが提言された。

また、平成10年の教育課程審議会においては、児童生徒の発達段階等を考慮し、学習内容の理解や習熟の程度に応じ、弾力的に学習集団を編成するなどの「個に応じた指導」を一層進める必要があると提言された。

そして現在の学習指導要領には、「児童の発達を支える指導の充実」として、〝児童が、基礎的・基本的な知識及び技能の習得も含め、学習内容を確実に身に付けることができるよう、児童や学校の実態に応じ、個別学習やグループ別学習、繰り返し学習、学習内容の習熟の程度に応じた学習、児童の興味・関心等に応じた課題学習、補充的な学習や発展的な学習などの学習活動を取り入れることや、教師間の協力による指導体制を確保することなど、指導方法や指導体制の工夫改善により、個に応じた指導の充実を図ること〟とある。

以前は、学習形態を工夫することにより「個に応じた指導」を行ってきたが、現在では、学習形態以外の指導方法や指導体制にまで及んでいる印象だ。

●●●「指導の個別化」で危惧されること

これまでの「個に応じた指導」として、①授業中の個別指導、②ヒントカード及びワークシートの工夫、③学習形態の工夫、④習熟の時間の工夫、⑤休み時間等の補充学習、⑥宿題等が挙げられるが、現在なされている「指導の個別化」で危惧されることを考えてみたいと思う。

・ドリル学習

個別最適な学び、指導の個別化というキーワードを聞けば、習熟や復習の時間にＡＩ型ドリルをさせておけばよいという発想になりはしないかという点だ。ＡＩ型ドリルが悪いというわけではない。自分の状況を客観的に捉えて、自分に合う問題を選び、スタディログを役立てることができればよいが、させっぱなしでは意味がない。

・型を求める風潮

ＡＩ型ドリルを習熟の時間に行うのか、自由進度学習を取り入れるのか、それとも、協働と個別を行ったり来たりすればよいのか、どうすればよいのか分からない時に、どうしても型を求めてしまう。それを具体の一部だと思わず、全てそれでやろうとするからいけない。本当に身に付けさせたい力は何かを問い続けながら、模索する必要がある。

・個人差の広がり

自分の学習状況を理解し、その解決に必要な道具は何か？　方法は？　児童自らが選べるのだろうか。選ぶためには、基礎的・基本的な知識・技能の定着はもとより、思考力・判断力・表現力等も必要である。理解力のある子は、自分で学びが深められるかもしれない。しかし、一斉授業の際に、問題解決のきっかけを与えられ、説明を聞き、ノートに板書するといった一連の流れをなぞるだけでも精いっぱいの子どももいる。つまずいた児童が、一人で止まるのでは？　友達の説明を聞くだけで終わるのでは？　本人は分かったと思っても、本当に理解できているのか？　また、子どもによっては、解かない種類の問題も出てくる。そうなると、身に付く資質・能力にも違いや差が生じるのではないだろうか。

・学びの深まり

個人で思考したことをその後の全体での練り合いの場面で協議することで、多様な考えや解き方に触れることができる。自分はその方法を取っていなくても、その道具を使っていなくても、全ては無理でも多くを知る場面があった。しかし、個別に問いを追究してそこで結論を得ることになれば、誤答から学びを深めることも、様々な考えでアプローチしていくこともできないかもしれない。

「指導の個別化」の具体化

「これまでの個に応じた指導」と「指導の個別化で危惧されること」について述べてきた。では授業等の具体で、我々は一体何をすればよいのか。

「令和の日本型学校教育」の中で、「指導の個別化」の例示として、①「教師が支援の必要な子供により重点的な指導を行うこと」、②「子供一人一人の特性や学習進度、学習到達度に応じ、指導方法・教材や学習時間等の柔軟な提供・設定を行うこと」が挙げられていた。順を追って、授業の具体的な場面で考えていく。

「教師が支援の必要な子供により重点的な指導を行うこと」

(1) 問題との出会わせ方

個別に指導を行う場面もある。しかし、支援の必要な子にとっての支援が、他の子への支援になることも多い。その支援を全体で共有することで、学びが深まっていくと考えている。以前、校内で読解力についての研究を行っていた。そこで感じたことは、子ども達は、私たちが考えているより、だいぶ手前でつまずいていることが多いということだ。

６年生、啓林館の「表を使って考えよう」という単元である。まず、〝１冊１００円のノートと１冊１２０円のノートがあわせて50冊売れました〟までを板書した。そこで区切り、「これってどういうこと？」と問う。すると「１００円のノートと１２０円のノートがそれぞれ50冊売れた」という話を始めた。その後、「この問題はそういうことじゃないよ」と話す子がほとんどだったので、少し考える時間をおいてから、どういう意味かを尋ねた（図１）。もちろん、全ての授業で問題文を一文ずつ区切るわけではない。解釈の違いを楽しむ授業もあるからだ。しかし、子ども達

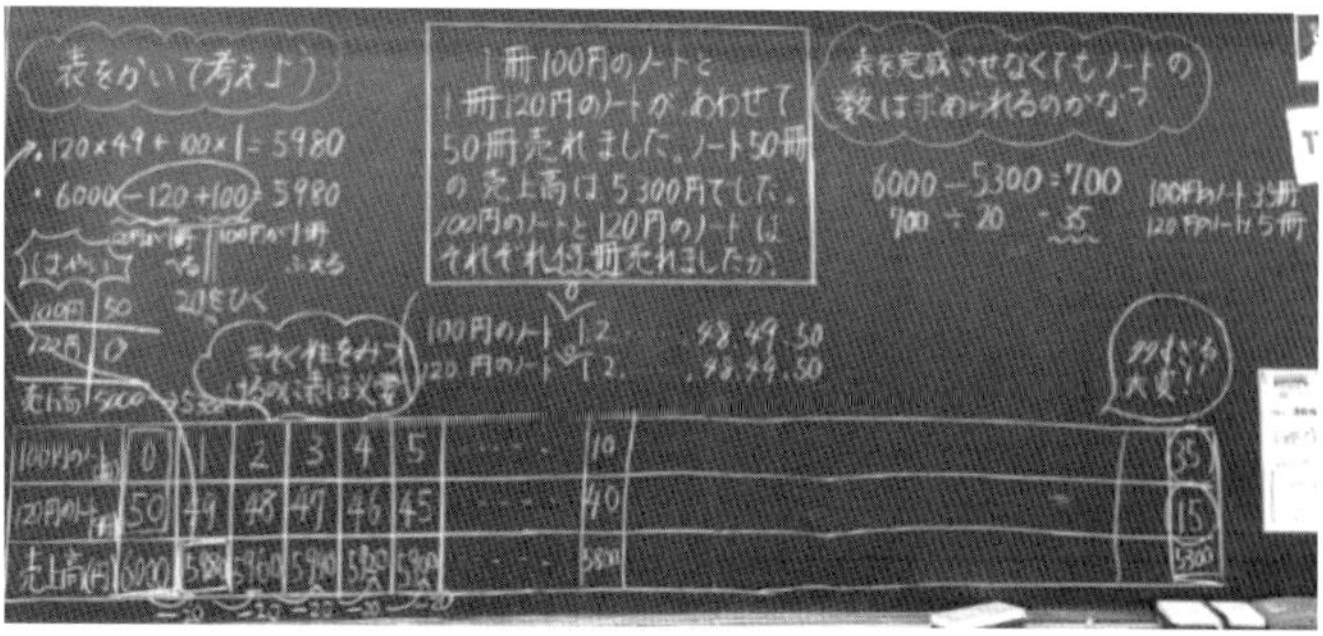

図１　表を使って考えたときの板書

の理解の仕方を教師が学ぶことができる。解釈の仕方を知ることができれば、それが「指導の個別化」に大いに役に立つ。

(2) 重点的な指導

習熟の時間に、自分の理解度に合わせて、ドリルや教科書を解くこともある。その際、一人でやるか、友達とやるか、先生とやるかという選択肢を与えた。その選択はもちろん途中で変更してよい。先生とやりたい子は、何をしてよいか分からない子も含まれてはいるが、自分のつまずきを客観的に把握している子もいる。分からない部分を自分が把握できることが重要だ。最終的に自分で把握できるために段階を踏む必要がある。始めから、あなたはここが苦手ではないかという話をすると、どうしても受け身になってしまう。子どもにそれを言わせたい。そこで、「難しい問題や内容はある?」と問い、その答え方で「指導の個別化」を図る(図2)。

AとBの児童は、理解度を把握できていない場合が多い。だからこそ、できることとそうでないことを自覚させ、自分の言葉で表現させることが必要である。そうすることで、学習状況を客観的に把握することができ、学習の自己調整への第一歩となる。

児童A「……」、「全部」（答えられない）
指導 A-1. 教科書のページをめくりながら、内容を一緒に振り返る。
指導 A-2. ノートを見て、間違っている問題を探したり、ノートで内容を振り返ったりする。
指導 A-3. 前時までのその子の様子を伝える。
指導 A-4.「この問題が難しいと思っている人が多いよ」と傾向を伝えて「あなたは？」と尋ねる。

児童B「これ」、「p.8の２番」（問題を答える）
指導 B-1. どういうところが難しいと思っているのと尋ねる。
指導 B-2. 図、式、表、グラフ、答え等で分かる（かける）ものがあるかを尋ねる
指導 B-3.「式はかける？」、「図はかけそう？」等と一つずつ尋ねて、ここまではできる、ここからが難しいと意識したことを自分の言葉で表現させる。

児童C「一億をこえる数を書くこと」（内容で答える）
指導 C-1.「読むことはできる？」等、できることも意識させる。
指導 C-2. 全て書けないのか、空位がある場合が難しいのか等、具体的に探っていく。
指導 C-3. 具体的な内容で答えられていることを褒め、その計画で進めるように話す。

児童D「一億をこえる数を読めるけど書けない」
（状況把握ができている）
指導 D-1. 具体的に把握できていることを褒め、全て書けないのか、空位がある場合が難しいのか等、具体的に探っていく。
指導 D-2. 具体的な内容で答えられていることを褒め、その計画で進めるように話す。

図２　難しい問題を尋ねた時の指導の個別化の例

CとDの児童は、自分の理解度が分かっている。ただ、実際に課題に向き合った時に一人で進められないかもしれない。友達に聞いて解決できそうだったらそれでよいが、そうでない場合は教師が個別に指導する。少しの声かけで進められる場合は、そうすればよい。そうでなければ、AやBの児童と一緒に個別指導することも考えられる。また、AI型ドリルを活用する場合に、解説を見れば理解できるのか、ヒントがあれば大丈夫か等も本人に意識させ、教師が把握しておく必要がある。

●●●「子供一人一人の特性や学習進度、学習到達度に応じ、指導方法・教材や学習時間等の柔軟な提供・設定を行うこと」

(1) 困る場面で何を使うか（使える教材等を知る）

情報を整理する時、筋道立てて考える時、問題を解決する際にタブレットを使うのか、具体物を使うのか、絵をかく、図をかく等々様々な教材等を活用して考えることができる。

以前4年生に、困った時にどうするか聞いた。返ってきたのは、「問題文に線を引く」だった。ノートを見る、できる数や図形で考えると答えると思っていたので驚いた。その時に、困った時にどうするかを学んできていないのではと感じた。そこで、①数図ブロック等の具体物を使う、②絵をかく、③図をかく、④表をかく、⑤グラフをかく、⑥タブレットを使う等を子ども達と考えて板書していった。既にやっている子だけのものにせず、全員に共通の知識として教えることも必要だと感じる出来事であった。

(2) 困る場面で何を使うか（教材等のよさを知る）

知識や技能を授けても使えるようにはならないと常日頃から思っている。どの場面で使えるかが分かっていないと、いざという時に使えない。ヒントカードの危うさはそこにある。この場面でこの武器が使えるよといつも教師から教えられている児童と、今日はどの武器が使えそうかを自分で考えて選択する児童ではどちらがよいか。当然後者である。

思考する際には、ノートに書いてもいいし、タブレットを活用してもよいことにしている。自分で○や百の束をかく子もいれば、タブレットに書き込む子もいる。4月はそれを扱い、なぜそれを選択したのかを話をさせてみる。ノートに書く方が、消したり書いたりが楽だという子もいた。また、百の束のカードといった具体物を操作する方が、書かなくていいし、自分は分かりやすいという子もいた。また、タブレットだと百の束を一つ書けば、それをコピーできるし消すのも簡単で、動かすことができるからよいという子もいた。それぞれよさがあって、自分が感じるよさと友達の感じるよさが違うことも学んだ。

4年生の実践である。同じ長さのひごを並べます。正三角形が横に並ぶ形に並べますと話す。うまく想像できないので、「どういうこと?」、「図がないとどんな風に横に並ぶかが分からないよ」その言葉を待って、図をかく（図3）。その言葉の前にかくのとその言葉の後にかくのでは全く違う。図をかく必要性を感じてから図を示す。そうすると、想像しづらい時には図をかけばよいということを示すことができる。その際、必ず、「イメージしにくい時には、図をかくと分かるね」と話す。ここでは、この図自体が問題なので、示さねばならないのだが、それでも子どもとのやり取りの中で示していきたい。ここでは、表をかいて、きまりを見つけさせたいのだが、「表をかいて考えよう」、「表をかいてきまりを見付けよう」とはしたくない。多くの子達が書いていたように、まず正三角形の数とひごの数を書いていく。そして、子ども達から、「線を引けば表みたいに見える」と声があがれば、「表みたいだね」と言いながら、書き加えていけばよい（図4）。そういう声があがらなければ、黙って線を引き始める。「あつ、表だ」

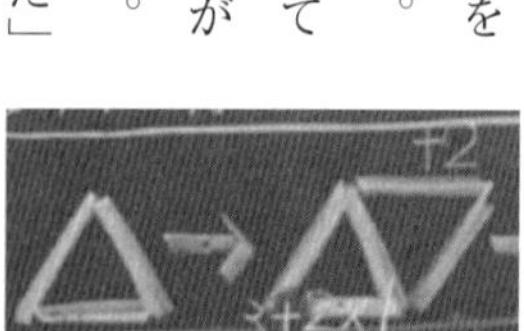
図3　正三角形とひごの数

と言う子どもの声を待つ。「表をかくと、きまりが見えやすい」という言葉を引き出すために、始めから表をかかない。そういった積み重ねが、使える武器を増やすことになり、自分で使える武器になる。

(3) 子どもの見取りを指導に生かす（教師の見取り）

指導の個別化を行う場合に、教師や子ども自身が子どもの状況を把握しておくことが必須となる。そこで、ここではまず、学習到達度等の教師の見取りについて考えていきたい。

・ノートで見取る

ノートに書いている式や答え、図等が合っているかどうかだけでなく、それを見て子どもの理解度を知ることができる。時には、問題を変えて、問題を解釈できているかを試すこともある。

4年の小数のわり算の実践である。令和3年度の全国学

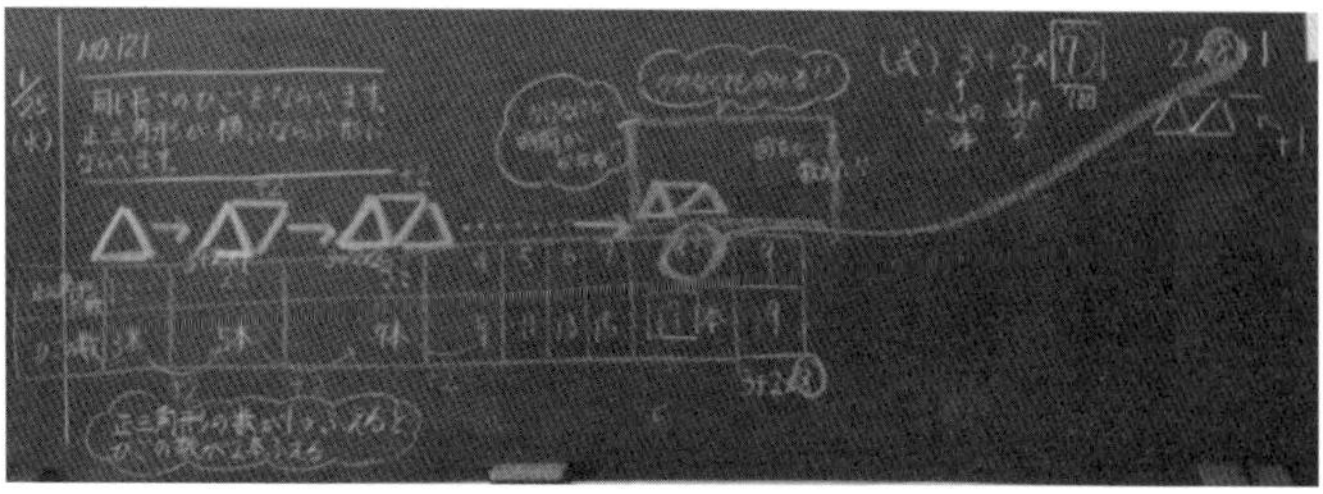

図4　正三角形とひごの数の表

力・学習状況調査の問題に『8人に、4Lのジュースを等しく分けます。1人分は何Lですか。求める式と答えを書きましょう』とあった。そこで、教科書には『2mのリボンを同じ長さに4人に分けます。1人分は何mですか』とあったが、その問題を意識して、問題文を変えて出題した。子どものノートを見ると板書にもあるように3種類の式が並んだ。4÷2と書いた子のノート見ていると、答えが2mと出ても、そのままにしている子もいた。また、2mと書いて、元々2mなのにおかしいと感じて、式を再度考えている子もいた。しかし、答えを見て式を2÷4にした子が、問題文の意味を正しく解釈したとは限らない。この場合、このつまずきを全体で共有しなければ、式の意味理解にはつながらないと考えた。2÷4や4÷2とはどういうことかを全体で考えていく（図5）。個別と協働を行ったり来たりすることで、学びが深まる。個別の見取りを個別指導だけでなく、協働にも生かすことで、全員にここで身に付けさせたい資質・能力を保証することができた。

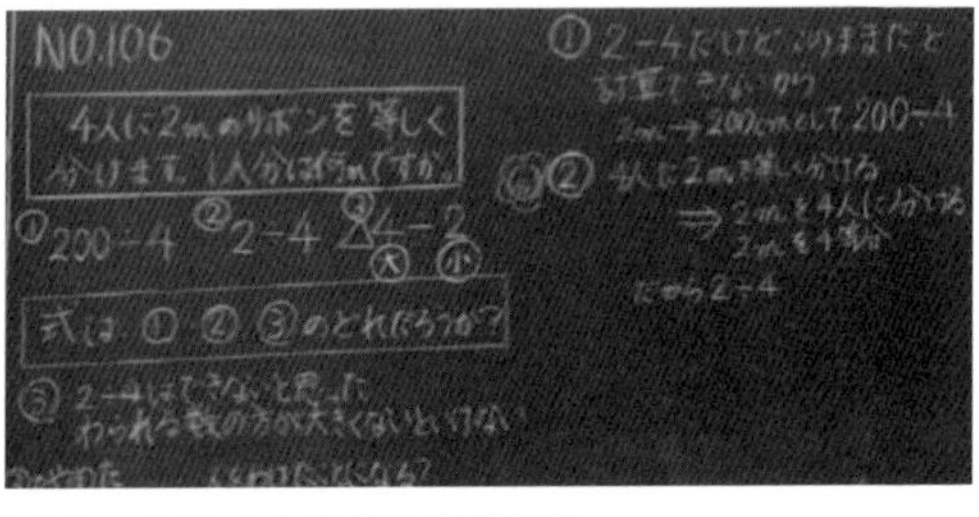

図5　小数のわり算の問題例

・授業中の発言等で見取る

授業中の発言を瞬時に理解、把握し、それを基に指導の個別化を行うことは難しいことである。そこで、子どもがつまずくであろう箇所を予想し、その後どういった指導を行うかを事前に考えた。毎時間は難しいが、事前に考えていると子どもの発言等を余裕をもって聞くこともできるし、その後、個別で対応するか、協働で学ぶか等も考えておくことが可能である（図6）。

子どもの発言や様子	即時的評価及びその後の発問等
・4÷2と立式	○問題場面を理解（イメージ）できていない。 ○とりあえず出てきた数でわり算をしている。 ○出てきた順にわり算の式に当てはめている。 ↓ ・2÷4と立式した子に理由を尋ねる前に、4÷2とはどういうことかを考えさせる。 ・絵・図をかいてみる。 ・2÷4と立式した子に理由を尋ねる。 ・かいた図と一致するのはどちらの式かを確認する。
・2÷4の立式の説明ができない。	○そもそも2÷4という式に納得していない。小さい数÷大きい数に抵抗がある。 ○今までも出てきた数を適当にかけたり割ったりしていたので、なぜその式かということをあまり考えてこなかった。 ○算数の言葉をうまく使えない。 ↓ ・絵・図を使って説明をさせる。 ・4で割るということはどういうことかを考えさせる。 ・4人に等しく分けることを別の言葉で言い換えさせる。 4人に等しく分ける→4人に同じ長さずつ分ける、4人で分ける、4つに分ける、4等分
・2÷4の計算ができない。	○繰り下がりのある引き算同様、大きい数から小さい数を割って、答えを2とする。 ○小数のかけ算や前時に使った方法（小数を整数にする。小数を0.1をもとにして考える。mをcmに単位換算する。）を活かせない。 ↓ ・何に困っているかを尋ねる。（小数がないので、小数を整数にする方法が使えない。整数÷整数は既習だが、小さい数÷大きい数の場合は未習のためできないと思っている。） ・困った時はどうしてきたかを考えさせる。（前時を思い出す。ノートを見る。かけ算の時はどうしたかを思い出す。） ・どうすればできそうかを考える。（大きい数÷小さい数ならできる。20÷4ならできる。）

図6　わり算の子供の理解と発問

・タブレットやスタディログで見取る

タブレットで子ども達の進捗状況や解答状況を見ることができる。瞬時に見取ることも可能であるし、後でじっくり見ることも可能だ。ＡＩ型ドリルでは、子どもの正答率だけでなく、解答状況、解決にかかった時間等、学びに関わる情報が多くある。始めは、教師が見て、その結果を次の授業や指導に生かしていたが、それではいつまでたっても主語が子どもにならない。結果を子ども達と見て、見方を一緒に考えるようにした。そうすれば、習熟の際に自分はどこを復習すればよいか自分で判断することができる。

(4) 子ども自身の見取り

教師が見取って、子どもの状況を伝え、それを受けて自己調整することが「指導の個別化」の目指す姿ではない。それでは、まだ主語が教師で子どもにはなっていない。ただ、始めから子どもに委ねても、その素地がないので教師による見取りや手立てについても述べてきた。子ども自身が自分の学習状況を踏まえて自己の学びを調整することを自立した学びと考えれば、始めは教師が学びを見取り調整の仕方を教え、それを徐々に子どもに委ねていけばよいと思

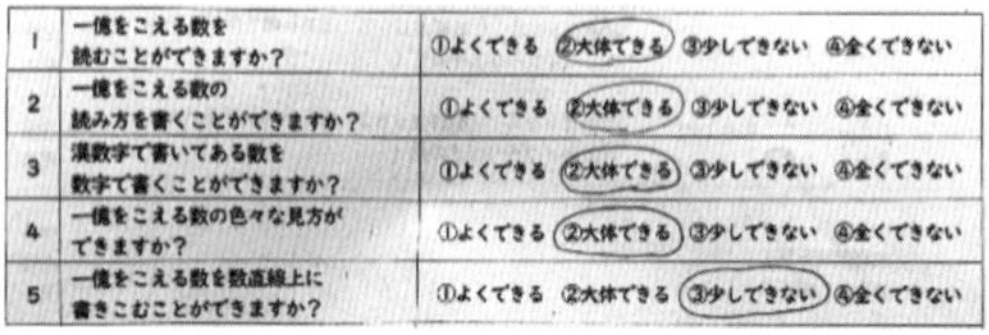

1	一億をこえる数を読むことができますか？	①よくできる ②大体できる ③少しできない ④全くできない
2	一億をこえる数の読み方を書くことができますか？	①よくできる ②大体できる ③少しできない ④全くできない
3	漢数字で書いてある数を数字で書くことができますか？	①よくできる ②大体できる ③少しできない ④全くできない
4	一億をこえる数の色々な見方ができますか？	①よくできる ②大体できる ③少しできない ④全くできない
5	一億をこえる数を数直線上に書きこむことができますか？	①よくできる ②大体できる ③少しできない ④全くできない

図７　大きな数の子供の自己評価

う。単元の最後に、毎時間の学習内容とそれが理解できたかを自己評価させた（図7）。始めは、子ども自身の自己評価と教師の評価にずれが生じたり、その差が大きくなったりするのではと危惧した。しかし、多くの子が自己評価を正しく行えた。自分のノートや感想、そして練習問題の正答率等も見ながら選んだことで、正しく自己評価できた。この時間の感想として、「一通り問題をやったら、読み方を書けなかったので、そこを中心に復習した」、「やはり苦手なところを間違っていたけど、解説を読んだら何で間違っているかが分かった」と自分の学習状況を正しく把握して、それを生かした学びが出来ていることが分かった。

［桑原麻里］

「カリキュラム・マネジメント」と自立した学び手

自立した学び手を育てる授業

「主体的・対話的で深い学び」が謳われてすぐに、新型コロナウイルス感染症拡大で授業の中で対話をする場面が制限されてしまった。休校期間の学習の遅れを取り戻すために、知識を伝える授業にせざるを得なかった。授業研究会も開かれなくなり、子ども主体の対話的な学習の姿を検討する場面が少なくなってしまった。このコロナ禍を抜けて、今、子どもが受け身になってしまっている授業を、「子どもが自ら問いを見出し、友だちと協働しながら、試行錯誤を続け、解決に向かって粘り強く考えていく授業」にしていかなければならないと考えている。

具体的な例を挙げて自立した学び手を育てる授業を考えていく。

4年生で立方体の展開図を学習する。

まずは工作用紙で一辺が５㎝の正方形６枚をセロハンテープで貼り付けて立方体を作る。できあがったら、作ったばかりの立方体の辺を切り開いていく様子を見せる。子どもも自分で作った立方体の辺を切っていく。切り開きながら「正方形がばらばらにならないように平らになるように切っていきます」と展開図になるように説明をしていく。ここまでは子どもは受け身である。教師に言われた通りに展開図を作っていく。

「このような形になりましたね」とできた展開図を見せる。最初に見せるのはT字の展開図にしている（図1右）。「それ（T字）もいいけど、本当は十字だよ」と言う子がいる（図1中）。立方体の展開図というと十字を考える子が多い。十字の展開図もT字の展開図も組み立ててみると立方体になることがわかる。

「立方体の展開図は2種類あるんだね」と言い切る。

「いや、２種類だけじゃない」「こんなのもできたよ」と見せにくる子がいる。

「あれ？　こんなのになっちゃった？」と不思議そうにしている子もいる。この子の展開図（図1左）を全体に見せながら、「Aさんが困っています。こんなのになっちゃったって」と全体に広げる。この展開図を見て「それもきっといいと思うよ」「組み立ててみればわかるよ」という反応がある。組み立ててみるとちゃんと立方体になることがわかる。

このようにして、「立方体の展開図は何種類あるのか?」という問題ができあがっていく。

算数が得意な子も苦手な子も関係なく試行錯誤しながら問題を見出し、解決を図っていこうとする活動を新しいクラスで早めに経験させたいと思う。

立方体の展開図の学習は教科書単元としては「直方体と立方体」の中に位置づけられている。時期としては2学期以降になることが多い。「垂直・平行」を平面で学習した後に、立体における面の「垂直・平行」の関係を学んでいくためである。

しかし、私は「直方体と立方体」の単元を2つに分け、「立方体の展開図」の授業を4月に位置づけている。新しいクラスをスタートさせてすぐに、試行錯誤しながら、問

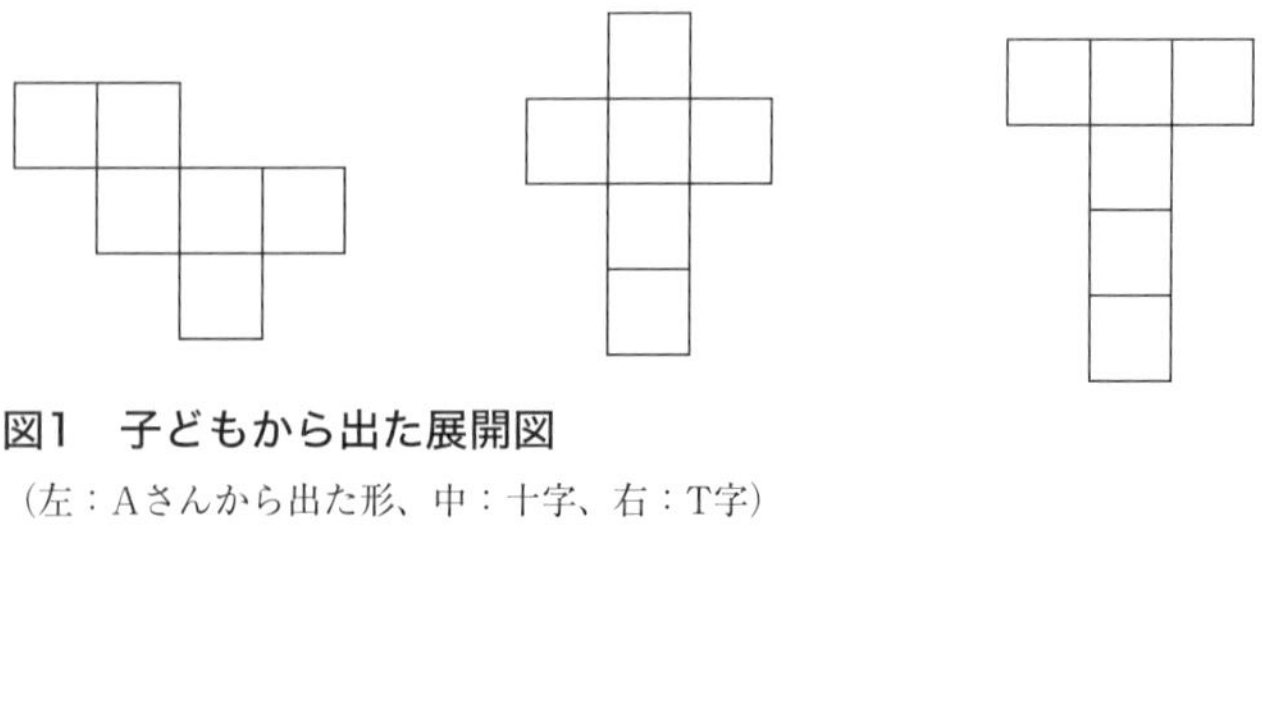

図1　子どもから出た展開図

（左：Aさんから出た形、中：十字、右：T字）

題を作り、考えを修正しながら学んでいく姿勢を作りたいと考えているからである。立体における面の「垂直・平行」の学習については、２学期以降に「直方体の展開図」の学習で行う。４月の段階では、２年「はこの形」で学習した向かい合う面、隣り合う面という言葉を使い、立体の面の「垂直・平行」を感じながら、感覚的に理解させていく場面として捉えている（図２）。そしてこの経験が半年後の直方体の展開図を見出していく活動で面の「垂直と平行」の学習につながっていくのである。

さて、「立方体の展開図は他にもまだあるのか」という問題のもと、子どもたちは試行錯誤を続ける。似た展開図ができると、並べたり、展開図ごと回したり、裏返しにしたりしながら、新しい形の展開図を見つけようとしていく。同じ形の展開図になったことがわかると、開いた展開図を再度組み立て直して、今度は別の辺を切ってみる。最初は思いついた

図２　４月に行う「立方体の展開図」の授業の板書

ところを偶然に切っていたが、失敗を繰り返すうちに少しずつ展開図の面の付き方を意識していくようになる。

できた展開図を並べると、違いが見えてくる。「1個ずれ」「2個ずれ」という言葉で、面の付き方の違いを表現している子がいた。このようにして、初めは試行錯誤で作っていた展開図が、その後の活動の「立方体の展開図は11種類しかない」ことを説明するときの見方・考え方になっていく（図3）。

この活動が45分の授業の中で収まらないときには、子どもたちは家でも調べ続けていく。立方体を切り開き、試行錯誤しながら正方形の面を貼り合わせ、立方体を組み立てていく。活動をくり返しながら面の付き方をイメージし、立体図形の感覚を豊かにしていく。子どもたちが追究していく姿はまさに自立した学び手である。

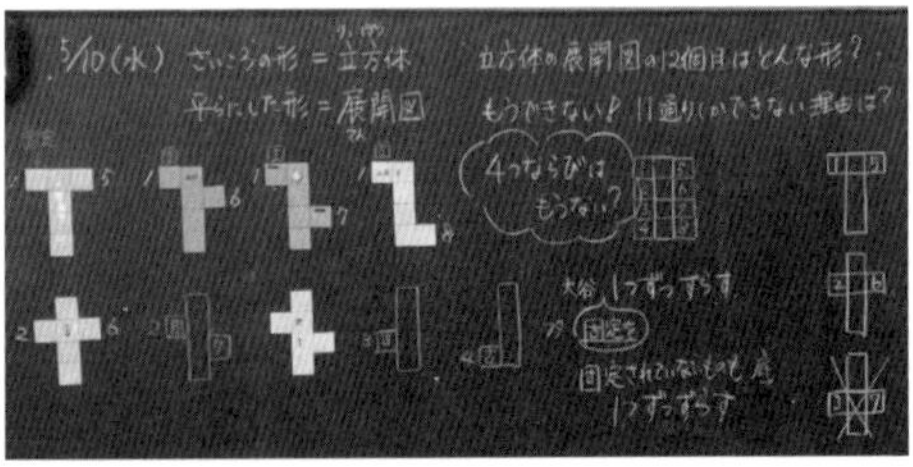

図3　授業の板書の続き

●●● 年間計画の見直し、単元の見直し、一単位時間の授業の見直し

算数授業の年間計画は本来、子どもや地域の実態に合わせ、学校単位で作成していくべきものである。しかし、現場では教科書会社が作る年間計画に合わせて授業が行われているのがほとんどである。全国一律の年間計画に、全国の子どもと教師ができそうな指導計画であり、授業の展開の方法が出ている。時数も教科書会社で決めているものに合わせながら授業を進めている先生が多い。子どもが分かっていないなと思っても、示された時数があるからと先に進んでいく。「この問題は今のクラスにとってあまり必要がない」「どうしてこの問題があるのだろう」と教師自身が思っていながらも、すべての問題を解こうとしてしまう。教科書会社がしっかりとした計画を示せば示すほど、教師は　単位の授業を、単元を、指導計画を見直そうとしなくなっている。教科書通りに進まないのは子どもと教師の責任だと考えてしまっている先生もいるくらいである。

「主体的・対話的で深い学び」の授業を作っていこうとすると、子どもの実態によって、どこに時間をかけどこを軽く扱っていったらよいのかは、指導計画通りにはいかないところが出てくる。「ここでは主体的に問いを発見させることに時間をかけよう」「ここで

は対話の時間を多くとっていこう」「ここでは振り返りに時間をかけながら、発展的な問題を見出させよう」などと目の前の授業の改善を図っていくことが必要になってくる。そしてその積み重ねが単元の改善、年間指導計画の改善と、カリキュラム・マネジメントへとつながっていくのである。

●●● 立方体の展開図は11通りしかないと言えるのか

立方体の展開図が11通りだということを知識として知っている子がいる。知っていること自体は良いことである。しかし、11通りだとわかることに満足してしまい、自分の力で展開図を11通り見つけようと試行錯誤しようとしなくなる子がいる。そこで、「立方体の展開図は何通りできるか？」の問題の次には、「立方体の展開図は本当に11通りしかないのか」を考えさせていく授業を位置づけていく。

立方体の展開図には、似た形のものが出てくる。回転移動させたり、対称移動させたりしながら、並べたり、重ねたりすることで同じ形がどうかを判断していく。この並べたり、重ねたりする活動をしていると、一列に4枚正方形が並んでいる展開図が多いことに気付いていく（図4）。すると「本当に11種類しかないか？」という問題に対して、まずは

「4枚並びはこの6種類しかない」ということを説明しようと子どもたちは考えていく。

「4枚並びを箱にすると底と蓋《ふた》がない形ができるでしょ。だから底と蓋は4枚の右と左になければいけない」という説明をした子がいた。ここでは、平行の関係になっている底と蓋が対になっていることに注目している。底の位置を決めると、4枚の正方形の反対側に蓋が付き、その蓋は、4枚の正方形一つ一つに付くため4通りできることがわかる。次に「底の位置を1つずらすと……」と子どもは底を固定して、蓋を1つずつずらしながら、できあがる展開図の形を確かめていく。展開図を回転させてみると同じ形になる展開図が出てくることがわかる。最終的に4枚並びは6種類だけであることが確かめられた（図5）。

この一か所を固定してすべて場合を出してい

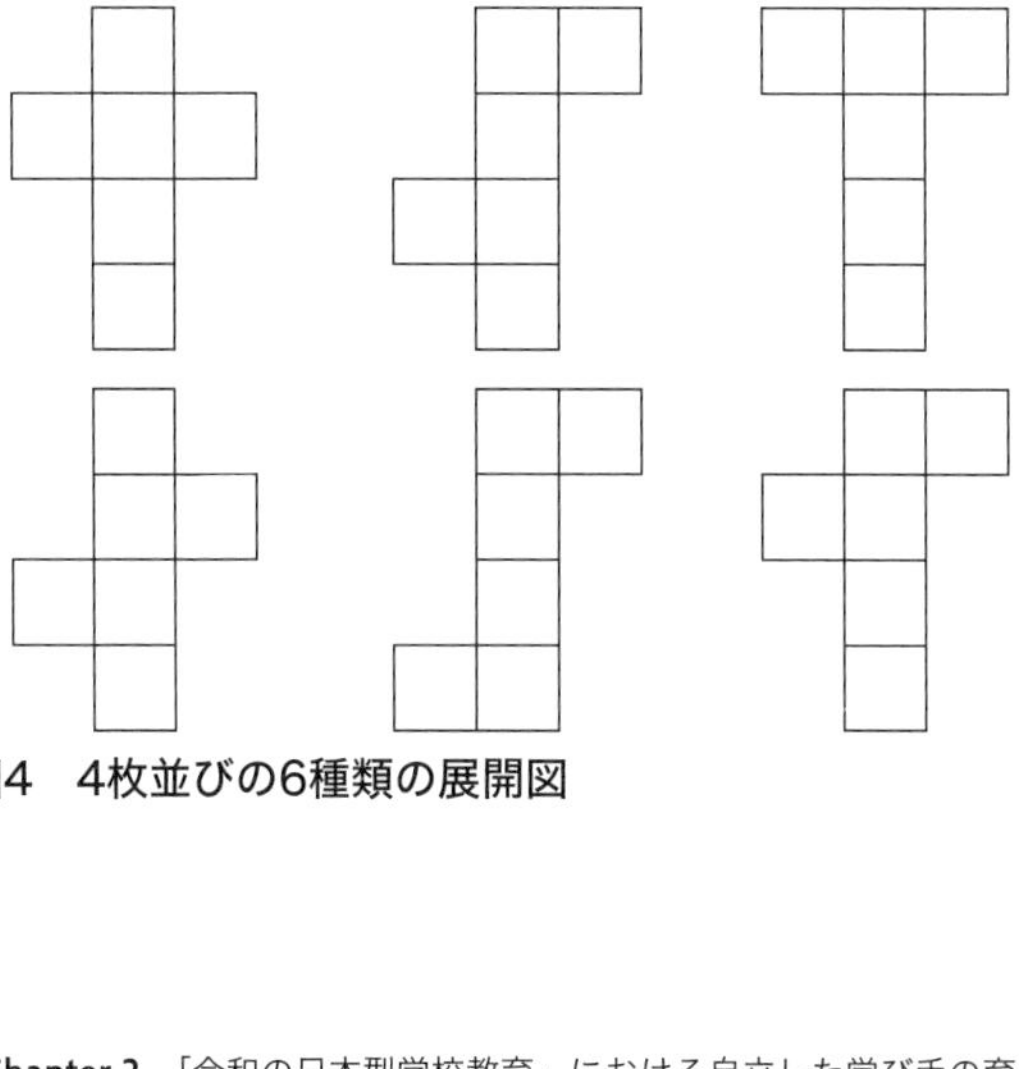

図4　4枚並びの6種類の展開図

こうとする考え方は、６年の場合の数の学習の素地となる。すべての場合を落ちや重なりなく数え上げていくのである。また展開図を回転させているのは、６年で学習する点対称の見方の素地となっていくのである。このように筋道立てて考えていくことができることも、この活動をこの学年のこの時期に位置づけている理由でもある。

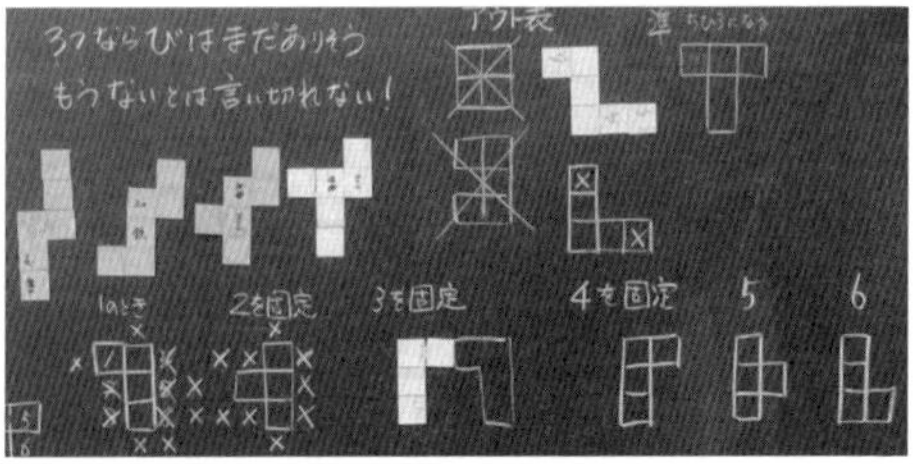

図５　授業の板書のさらに続き

●●● 日々の授業の改善が、単元、年間の指導計画の改善につながっていく

私は次のような視点で「主体的・対話的で深い学び」の授業になっているかを振り返り、評価している。

○今日の問題は子どもから「問い」を引き出すことができていたか
○全員が「問い」を共有していくことができたか
○出された意見を比較し、対話をしながらよりより解決方法を見出していくことができ

たか
○試行錯誤する場面は作れたか。混とんとする場面は作れたか。子どもが困る場面で、子どもは自分の考えをつくることができていたか
○伝えたい大事なことを教えずに、子どもから引き出し、子ども自身に気づかせていくことができたか
○子ども一人一人が考え、表現し、友だちと一緒に学んでいくことができていたか
○子ども自身が授業を振り返り、次への学びにつなげることができたか
○問題を子どもが発展させていくことができたか。そのための手立ては十分だったか

一時間の授業の中でのこれらのことすべてを評価していくことはできない。しかし、これらのことの中から「この授業ではここを改善していきたい」という問題意識を教師自身がもって授業に臨んでいれば、その観点について授業後に振り返り、評価していくことができる。

子どもの姿を見取りながら、日々の授業をよりよく改善していこうとする自立した教師が、自立した子どもを育てていくことになるのである。

●●● 校内研究会は授業改善を評価し、共有していく最善の場である

一人一人の授業改善をはかっていく際、学年や同僚の意見が必要になってくる。校内研究会は研究主任を中心に学校教育目標・研究主題に照らし合わせながら、授業改善を評価し、共有していく最善の場である。

公立学校の校内研究会に参加させていただくことがある。そこで最も大事にしているのは、その学校の先生方の問題意識である。子どもたちを日々指導しているからこそ直面している問題である。この問題意識を元に学校教育目標が見直され、研究主題が決まっていく。そして、その研究主題に向けて授業研究会を行い、授業改善を行っていくのである。

研究授業を構想していく過程では板書を使った模擬授業を見合うことを勧めている。問題意識を解決するための手立てを考えて授業の中に入れていく。板書を使ってイメージする授業をしてみるのである。実際の授業での子どもとのやり取りや発問の仕方、板書の書き方や教材の提示の仕方など、授業と同じようにしてみることで、改善点が明らかになっていく。模擬授業を子どもの立場で受けた先生方から子ども視点の意見をもらい、その意見を元に手立てを検討し直し、授業を練り直していく。模擬授業でできあがった板書は、

そのまま指導案の板書計画となっていく。提案授業の前に他のクラスでの事前授業はしないことも勧めている。焦点授業をしないクラスでは事後授業をするのである。

校内研究会の当日にはたくさんの先生方から授業改善に向けた意見をもらえる。外部講師の先生からもご指導をいただくことができる。そこでもらった意見や指導を生かして、提案授業以外で事後授業をするのである。こうしてたくさんの人の意見を生かしてできた授業が次の授業に生かされ、指導計画に反映されていく。校内研究会での授業は学年や担当の先生のよい授業の発表会を目指すのではない。よりよい授業をみんなで創っていくための提案となる授業をし、そこでもらった意見を元に、授業を実際にしてみることが次の授業、次年度以降の授業の改善につながっていくのである。

このように、研究授業を作っていくときにも、やり方によっては時間を短くでき、授業者の負担を減らしながらも充実した教材研究にすることもできる。そしてできた時間は子どもとの授業のために使っていく。これもカリキュラム・マネジメントの1つである。

このように、日々の授業や研究授業に対して、問題意識をもって、仲間と対話しながら改善していける教師こそが、自立した子どもを育てる授業をつくっていくことができると考えている。

［中田寿幸］

Chapter

3

「自立した学び手」の姿と育成方法

自分の課題を設定する子どもに育てる

授業開きの日。まだ緊張感が抜けきらない教室で、子どもたちに向けて次の問題を提示した。

「おさいふに240円入っています。160円のおかしを買いました。おつりは何円でしょうか」

買ったばかりの新しいノートの1ページ目に、子どもたちは問題を丁寧に書き写し、240－160という式を書いた。計算の速い子は暗算で80円と答えを出して、満足そうに周りを見まわしている。何の迷いもない。まんまと引っ掛かっていることに全く気づいていない。

保護者会や教員の研修会等でもこの問題を出してみることがあるのだが、80円という答えが間違えだということに気づく人はあまりいない。問題文の数値だけを見て安心してしまい、すぐに立式しまう悪い典型だ。買い物の時にレジでお金を支払う場面を思い浮かべてみれば、おつりが80円なんてことはありえないことに気づく。

「そうか。160円の品物を買うのに、240円全部出す人なんていないね」

「200－160＝40、おつりは40円だ」

「問題文に200円なんて書いてないじゃん。先生、ずるいよ～」

「ちょっと待って。百円玉が2枚入っているとは限らないよ。さいふの中に入ってるお金によってはピッタリ払えるかもしれない。支払い方は他にもありそうだな」

「うちのお母さんなら210円払って、おつりを五十円玉で受け取りそう」

「もしも、おさいふに500円入っていたとしたら……」

「五百円玉って言ってないから注意しなきゃいけないね」

「おつりのパターンはめちゃくちゃ増えそう」

「たしかめてみようよ」

子どもたちは、まず教師から出された問題に向き合い、それを自分のもの（課題）にして、めあてをもち始めた。教師から出された「問題」が、子ども自身の「課題」になった瞬間である。「問題」と「課題」の言葉の定義は人によって様々だが、ここでは教師から出されたものを「問題」、子どもたちが向き合った結果取り組むべきものがはっきりしたものを「課題」あるいは「めあて」と呼ぶことにして話を進めていくことにしたい。

財布の中に入っている金額が増えた場合、おつりのパターンもたくさん増えそうな感じがするが、調べてみると最初の問題設定の時と比べて、おつりの金額は1種類しか増えないことが分かる。五百円玉で払った時のおつり340円が増えるだけだ。考えられるおつりの金額のパターンは「0円」「40円」「50円（玉）」「340円」の4つしかない。

「おさいふに入っているのが1000円の場合、千円札で払った時のおつり840円しか種類は増えないってことか。つまり、おつりの金額は5つ出てくることになるね」

授業が進むにつれ、子どもたちはおつりの金額を求めることよりも、おつりの金額が何パターン出てくるかを考えるようになっていった。

授業は教師の問題提示から始まる。教科書に書かれている問題をそのまま黒板に書くところから始まることもあるだろうし、授業冒頭で興味をひくような問題文に変えて提示することもある。導入時にゲームを取り入れる場合もあるだろう。しかし、提示された問題に対して子どもたちが受動の状態のままだった場合、それはまだ子どもたち自身の課題になっているとは言い難い。子どもたちが取り組みたいという気持ちになっておらず、クラス全体の「めあて」となっているとは言えない。

本項のテーマは「自分の課題を設定する子どもに育てる」である。子どもたちが自分の課題を設定するのはどんなときだろう……と考えたとき、一見すると授業の冒頭からめあての設定までと考えがちだが実はそうではない。話し合いの場面で友だちの話を聞いて課題を修正したり、様々な考えをまとめてみようという課題が発生したり、授業の終末で新たな課題が出てきたりすることがある。しかし、もくじを見ていただくと分かると思うが、この第3章は授業を大きな5つのテーマに分けて論を進めている。話がかぶらないように、本項ではあえて授業冒頭に絞って話を進めていくことをご承知おき頂きたい。

「自分の課題を設定する子ども」を育てていくために、教師がなすべきことはたくさんある。その中で、授業冒頭で特に意識しなければならない3つのことに触れていきたい。

- 主体的問題場面への関わりをつくる
- 試行錯誤の場面をつくる
- 仮定する場面をつくる

主体的問題場面への関わりをつくる

あるクラスで、1年生のたし算の授業を見せてもらった。

「白い花が9つ、赤い花が7つ さいています。あわせて いくつさいているでしょう」

子どもたちはノートに丁寧に書き写していた。問題文はすでに全部見えている。既習を生かせば9＋7くらいの立式まで出来そうなものだが、そのクラスの子どもたちは問題文を写し終わった後、鉛筆を置いて次の指示を待っていた。その後、一斉読みをして、分かっていることに青い線、聞かれていることに赤い線をひき、ようやく9＋7という式が登場。めあて『くりあがりのあるたし算をやってみよう』をノートに書いた後、ブロックを数えたり、ノートに図をかいて考えたりする活動が始まった。

この一連の学習形式は、このクラスの中でパターン化されているようで、教師にとっても子どもにとってもやりやすい展開なのかもしれない。決められたレールの上を走るのは双方にとって楽だ。しかし、授業を見ていて子どもの主体はどこにも感じられなかった。子どもたちは素直だから、掲示された花の絵を見て「綺麗！」とか「〝あわせて〟って書いてあるから式はたし算になります！」と手を挙げて発言していた。しかし、それは教師から出された発問に反応している程度で、子どもたちが問題に向かって踏み出しているようには見えなかった。主体的に問題場面に関わっているとは言い難く、このような展開はまだ受動の状態だと言える。

もし私が授業者だったら問題を次のように提示する。
実際に行ったことがある実践を一つ紹介する。

白い花と 赤い花は、 あわせて いくつさいているでしょう。

数値が一切示されていない条件不足の問題を提示した。子どもたちから、「これじゃ解けないよ」「1＋1＝2ってこと？」「白い花と赤い花の数が知りたい……」といったつぶやきが聞こえてくる。まだ様子見的なところはあるが、こちらに半歩踏み込んで来た感じだ。いや、どちらかというと不安感をあらわにした程度なのかもしれないが、まずは子どもの心を反応させることには成功した。ここで焦ってすぐに黒板に数値を書いてはいけない。数値を書いてしまったら、計算のはやい子が答えを求めてそれで授業は終了になってしまう。ここはもっとどっぷり問題に入り込ませる必要がある。

そこで、白い花が描かれたイラストを黒板に貼りだしてみせた。大きい白い花もあればかなり小さい白い花もあり、パッと見て白い花の数は、はっきり分からない。さらにこのイラストには黄色い花や紫の花、水色の花も描かれていて意地悪なことこの上ない。問題文は条件不足だったがイラストの方は条件過多になっていて、わざと数えにくいように描かれている。

「ええと……白い花は1，2，3，4，5，……8つ？」

「え？　7つじゃない？」

「先生、黒板の絵に○をつけながら数えていいですか？」

代表児童に出てきてもらい、○をつけながら数えさせた。

クラス全体で確認し、白い花は9つあることが分かった。ここで私は、ようやく問題文に「9つの（白い花）」と書き足した（図1）。子どもたちが数える活動を通してはっきりさせた花の数だ。この後、教師の方から促さなくても子どもから「赤い花のイラストも見せてください」「ぼくが○をつけて数

9つの
白い花と赤い花は、
あわせて　いくつ
さいているでしょう。

図1　問題文の板書

えたいです！」といった声が上がってくる。問題にどっぷり入り込んでいることが分かる。この後、９＋７と立式して繰り上がりについてクラスで話し合っていったが、「他の色の花の数もたし算できそう」「全部の花の数を合わせたらいくつ咲いているのかな」といった問題づくりにつながる発言が子どもから自然と出てきていた。

はじめは教師から与えられた「問題」だったが、問題と関わるうちにはっきりさせたいという気持ちが強く出るようになり、自分から取り組みたい「課題」に変わっていったことが伺える。

子どもが主体的に問題場面へ関わるようにするには、教師は不親切である方がよい。授業時間の都合もあるだろうが、どの子にも分かるような丁寧な問題ばかりを提示していたのでは、必要な条件を自分で探したり、不足しているものは何かを考えたりする必要がなくなってしまう。悲しいかな教師の優しさが裏目に出て、子どもの主体を奪っているのが現状だ。

試行錯誤の場面をつくる

5年生の遠足で、電車に乗っていたときのことである。帰りの電車だったので乗客はそれほど乗っておらず、クラスの子どもは座っておしゃべりをしていた。

「今、この電車はどれくらいの速さで走っているんだろう」

子どもたちが何気なく話している声が聞こえてきた。これは面白い問題になりそうだな……と思い、この問いを皆に伝えてみることにした。他のお客さんに迷惑にならないように、伝言ゲームのようにヒソヒソ声で子どもたちに伝えた。

「え？　そんなの分からないよ」

「先頭車両に行けばスピードメーターが見えるかもしれない」

はじめのうちは、そんなの分かるわけがないという顔をしていた子どもたちであったが、算数の時間にいつも無理難題を投げかけられていることに慣れているからか、ヒントになりそうなものを自分たちで探し始めた。

「隣の道を車が走っているけど、車の速さって時速50㎞くらいかな。この電車は車より速いから……時速60㎞くらいだと思う」

「道のりと時間が分かれば速さは分かるはずだよね」

「時間は時計で計るとして、長さの基準になるようなものはないかな」

わずかこれだけの会話の中にも、『相対的に速さを考えようとする』『既習事項を使って考えようとする』『公式を活用しようとする』『測定の基になるものを探そうとする』といった数学的な態度が表れていることがわかる。

「線路の横にある電柱って同じ間隔で立っているように見えるよ。あの長さが分かれば求められるんじゃないかな」

「え？　どういうこと？」

「だから……たとえば電柱の間が１００ｍだとすると、１分間に何本通過したかを数えれば、分速が出せるでしょ？」

「なるほど。あとはそれを60倍すれば時速が求められるってことか」

「柱の間隔がどれくらいの長さなのかは、学校に戻った時に調べてみればいいね」

「先生！　時計で1分を計っていてください。みんなで電柱の本数を数えてみます」

この問題は、翌日の算数の時間に解決する時間をとった。調べてみると架線の電柱（電化柱）は在来線・新幹線ともに直線区間で50ｍ間隔が標準らしい。子どもたちは自分たちで調べたデータを元にして電車の速さを求めることができた（図2）。

答えが出て一件落着といった雰囲気が漂っていた時、電車好きの男の子の手が挙がった。電柱とは違ったアプローチで1分間の距離をわり出し、電車の速さを求めてみたらしい。

「みんなが電柱の本数を数えていた時、ぼくはガタンゴトンという音を聞いて長さを調べようと思ったんだ」

「え？　どういうこと？　音がどうしたって？」

「レールの長さって25ｍなんだよ。だから、ガタンゴトンという音はレールとレールの境目を車輪が通過する時の音だって鉄道の本に書いてあった。1分間に50回音がしたから、25［ｍ］×50＝1250［ｍ］進んだことになるよね。時速に直すと…75㎞だ」

この考え方は、「窓の外を見ていなくても音を聞いていればできる！」と、クラスのみんなから絶賛された。

図2　車窓から見える電柱

本来、乗り物は等速ではない。加速や減速をしているので正確な速さを求めることはできない。あくまで平均速度で考えることになるわけだが、子どもたちが限られた条件下で、試行錯誤して辿り着いたストラテジーを私は高く評価したい。何気ない会話から生まれた問題（生活場面から発生した問題）であっても、試行錯誤すれば問題解決のための条件を自分の力で探し出すことができるという経験ができる。

この2ヶ月後、旅行した子が、同じ方法で新幹線の速さを求めるチャレンジをしたことを日記に書いていた。その時のコメントが面白かったので、最後に載せておきたい。

「遠足の時と同じ方法で、新幹線の速さも求めようと思ったんだけど、新幹線はあまりに速すぎて電柱なんかピュンピュンって通り過ぎていっちゃいました。だから、ぜんぜん数えられませんでした。考えてみたら野球だって、時速150㎞のボールは空振りするくらいのすごい速さです。新幹線なんて見えないに決まっています」

仮定する場面をつくる

3年生のかけ算の実践を一つ紹介したい。

授業は普通の計算練習からスタートした。最初の計算自体に、子どもたちの心が動き出すような要素は何もない。

正解の○をもらえて喜んでいる子もいれば、「答えの123の並びが気持ちいい！」とつぶやいている子がいる程度だ。しかし、2問、3問と計算（筆算）をやっていくうちに、教師がしかけた数の並びに反応する子が現れる。41×3＝123、78×3＝234、115×3＝345……。

「あ、わかっちゃった。黒板に式を書かなくても次の答えがわかるよ」

「123、234、345ってなってる。次の計算の答えはきっと456に違いない」

子どもの心の動きがつぶやきとなってあらわれる。

「もしも、答えが予想通りの456だったとしたら、先生はどんな式を書くつもりだっ

図3　□を求める計算の様子

たのかな」そのつぶやきから『□□□×3＝456になる式を考えよう』という課題が自然とできあがっていく。筆算の計算練習が、いつの間にか「□を求める計算」へと変わっていった（図3）。この式に本来比例関係はないが、子どもたちにはきまりが見え、一つ解決すると「次の答えは567だな」「どうしてこうなるんだろう」「何か秘密がありそうだ」「かけられる数が37ずつ増えている」と、途切れることなく問いが発生していった。もしも～だったら……と仮定する場面をつくることで、子どもたちの課題意識をもたせることに成功した一例である。

子どもの心が動き、思わず言いたくなるような気づきや発見があると、つぶやきが生まれ、仲間の声に耳を傾けながら学習に取り組む姿があらわれるようになる。個々の課題が集団の課題（めあて）へと昇華されることで、関わり合い、高め合いながらみんなで学んでいく学びの場ができあがっていく。

［江橋直治］

自己を調整しながら学ぶ子どもに育てる

問題解決がうまくいかない時に、「自立した学び手」に育っているかどうかが問われる。解決できない困った時に、何か手がかりを求めようと動き出せるようになってほしい。問題に対して、できることをがむしゃらに試すことも学びを進める姿ではあるが、どうしてうまくいかないのか、問題の中に小さな問いや焦点化した問題を見いだしたり、既習事項を振り返って整理したり、多様な方法から真意を確かめたりすれば、より自己を調整しながら学びを進められる子といえる。

授業形態が、個々の課題を追究するような個別最適な学びの場であれば、教師は一人一人違う問題解決を見取る必要がある。解決に苦戦する子どもに着眼点や振り返りを想起させて自己調整を促す。こうした場合、子どもにとって、より自分に合った自己調整の仕方を学べる利点がある。しかし、教師の教科の専門性が問われることになり、時間と人的環境が限られている場合、一人一人全員の問題解決に寄り添うことは正直難しい。となると、協働的な学びの中で、問題解決がうまくいかない場面を取り上げ、個々が自己を調整する瞬間を作り、修正してよりよい解決へと向かっていくプロセスを体験することが重要となる。一人の問題解決だけではなく、協働的な学びにおいて、友だちの解決の方法を基に、自分の解決を修正しようとする態度も自立した学び手といいたい。本稿では、協働的な学びの中で自己を調整しながら学びを進める子をどう育てるか、それを一人一人の個に培っていくために何ができるか、視点を整理していきたい。

●●●修正や試行錯誤をうみ出す間

授業中はとてもよく発言している。友達の話も聞いている。しかし、思考力を問う文章問題など一人で解決する時には、考え深める姿を発揮できない子がいる。

> まっすぐな道にそって8mずつ間をあけて、木を6本うえました。
> はじめの木からさいごの木までの長さは何mでしょう。

図1のイメージ図を一緒に示したテストを行った。かけ算の単元だから、式はかけ算と安易に考えてしまったのか、図に表す必要性を感じなかったのか、始めは8×6＝48（m）

と解決した子が多くいた。しかし、間の長さを求めているから6本の木の間は五つであるから8×5が正しい。

これが協働で行う授業であれば、8×6という意見に対して、「違います」という意見がすぐに出るだろう。間違っていた子は「どうして違うの?」と焦る。そうして教師から指名された分かっている子が「8mは、木と木の間の長さだから……」と説明すると、「そういうことか!」と納得するかもしれない。「ん? どういうこと……」と分かったふりをしている場合もある。間違っていた子からみると、分かっている子の発言は、自分の考えを修正したり、思考錯誤したりする機会を失わせているのかもしれない。友達に違うと言われた時に、自分の考えに向き合い、修正する時間が短くても必要である。

「8×6の6って、何を表しているのかな?」と問い返して、少し間を空ける。「木が6本あるから」と思っていた子が、「6は違うのかな……?」と考えを振り返ったり修正したりする時間になる。また、「ヒントを出せるかな?」とか「しゃべらないで、大事な所を図で示

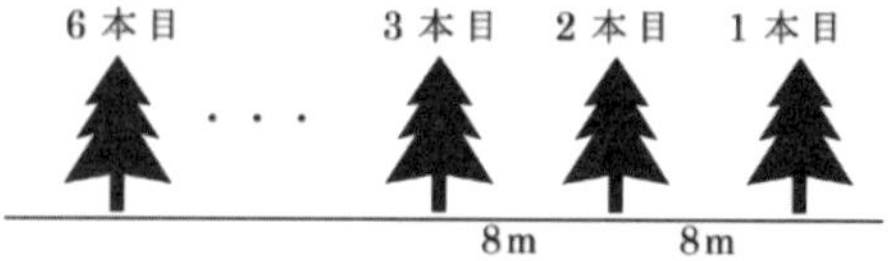

図1　かけ算の問題の図

せるかな?」と情報量を制御する中で、本人が誤りに気付き修正したくなる瞬間をつくる。
こうした授業における短い間が、自分の思考と向き合うことを促す。友達と意見が違うことや分からないことを捉えさせることが、自己調整の一歩目を踏み出す瞬間をつくることにつながる。

●●● ずれに正対した時に、メタ認知が働き始める

三年「円と球」において、「一つの円の半径が5cmの同じ円です。直線は円の中心をとおっています。直線は何cmになるでしょうか」という問題を図と共に示した。

Tくんは始め、「円が6つだから5×6＝30」と考えていた。しかし、友だちの発言を聞いて、自分の考えが違うことに気付き、?マークをかいた。ノートの記述（図2）を書き出してみる。

友達A「5cmが7こ」

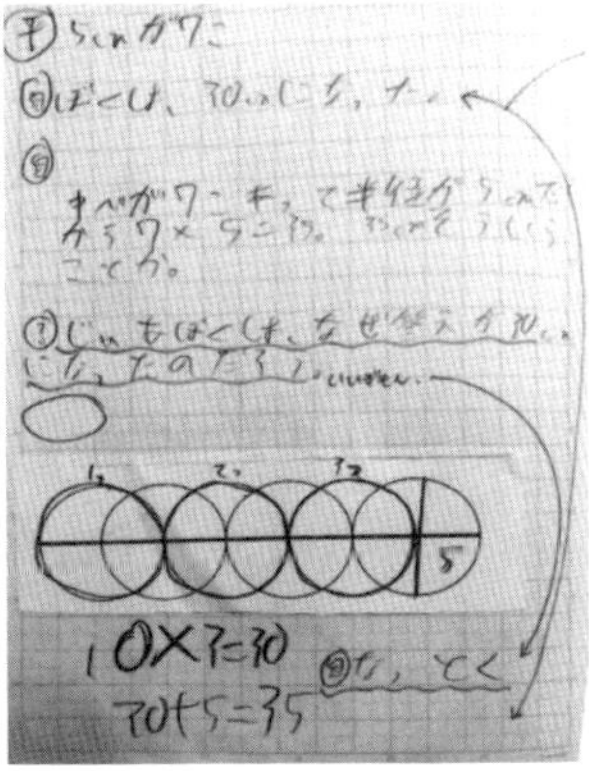

図2　Tくんのノート

自分①「ぼくは、30㎝になった」

自分②「中心が7こあって半径が5㎝だから7×5＝35。35㎝、そういうことか（本来は5×7）」

？③「じゃあ、ぼくはなぜ答えが30㎝になったのだろう」

友達B「直径10㎝の円が3つで10×3＝30。30＋5＝35」

自分④「なっとく（図に友達Bの考えを記入している）」

？マークは、自分と友達のズレに正対し、自己の学びを調整し始めたよい学び手の姿といえる。Tくんは重なっている円の数を、「円の中心」に着目して考えていたと推測される。友達Aの発言は、半径5㎝に着目して5㎝が7こと説明をしていた。一方で、自分②の記述を見ると、「中心が7こあって……」と数を修正しているが、以前として「円の中心」に着目して捉えている。そのため、友達Aと同じく中心に着目しているのに、どうして自分の考えが違ったのだろう……と立ち止まって？マークを書いている。

その後の、友達Bの直径10㎝に着目した意見は、円の中心を捉えているTくんには分かりやすい考えであった。円の上に1つ、2つ、3つ、と板書には書かれていないことをノートには記述をしていることからも、円の中心と直径の数を捉えたと読み取ることができる。

このように、自分の考えと他者の考えのずれに正対した時に、自分の思考に向き合うメタ認知が働き始める。友達の考えに対して自分の思ったことを記述しているノートは、LINEのトーク画面のようなやりとりで教師の見取りとしても分かりやすい。

私は初見した時、Tくんの思考に感心し、自分の考えを修正したようにも思えた。しかし、もう一度読み返したとき、友だちの考えに納得してはいるものの、Tくんの最初の30㎝という考えの何に対して、何が違っていたのかの記述までは書かれていなかった。そのため、ノートに「ともだちの考えから学べているね。最初の30㎝は、何がちがったのかな？」と着目した構成要素に対して振り返りを促すようにコメントを書き入れた。もちろんTくんは気付けていたのかもしれない。つまずきや誤答に対しての修正を書かせたいと思うのは教師のエゴではあるが、学び方を見取るための手段ではある。Tくんは、授業中に何度も挙手をして発言するタイプではなかったが、ノートへの内言は素晴らしい力をもっていた。ノートの思考の記述のさせ方は、協働的な学習の中で、自己を調整しながら学びを進める子を育てる手段となる。一方で、発言の回数が多い子は、ノートにこうした記述を書く時間は減ってくる。学習感想など授業の終末に限定せず、子どもが自己の変容を記述したくなるタイミングで、修正したことや変容した自分を振り返らせたい。難しかったことは何か、この考えで正しいといえる根拠は何か、一度立ち止まるからこそ、自分の考えを俯瞰して捉える習慣になるだろう。自己の考えと向き合い調整するという視点で、どのようなノート指導ができるのか考えてみたい。

●●● 質問行動につながらない子どもの様相から——自己と向き合わせる視点として

自己を調整しながら学習を進められるよい姿として、疑問や問いをもつこと、それを質問できる姿がある。こうした質問行動につながるプロセスを実際の授業の子どもの姿と見比べる時、質問行動につながらない要因はどこにあるのか分析した。

【様相Ⅰ】　他者の発言を聞き取っていない。他者の発言の意味を考えていない
【様相Ⅱ】　他者の発言を既習事項や自分の考えと比較していない
【様相Ⅲ】　質問行動につながる困惑はない。質問に肯定的な気持ちがもてない
【様相Ⅳ】　違和感や疑問をうまく言葉でまとめられない

様相Ⅰは、そもそも他者の考えを捉えていない。授業で集中が切れているようなことがある。そのため、まず考えや表現を捉えるための構えを子どもにもたせる必要がある。

様相Ⅱは、他者の考えを捉えてはいるが、既習事項や自分の考えとの比較ができていない。この比較ができることが、自己調整の始まる一つの契機となる。教師が既習事項や他者とのズレを明確にする手立てを考えておく。

様相Ⅲは、既習や他者とのずれに対して、困惑や違和をもたないことがある。認知的な側面に加え、情意的な側面から共感を引き出したい。様相Ⅳは、疑問は感じているが、うまく言葉にできていない。ペアで話をさせたり、ノートに表現をさせたりしながら、整理できる時間をつくっていく。こうした様相Ⅰ

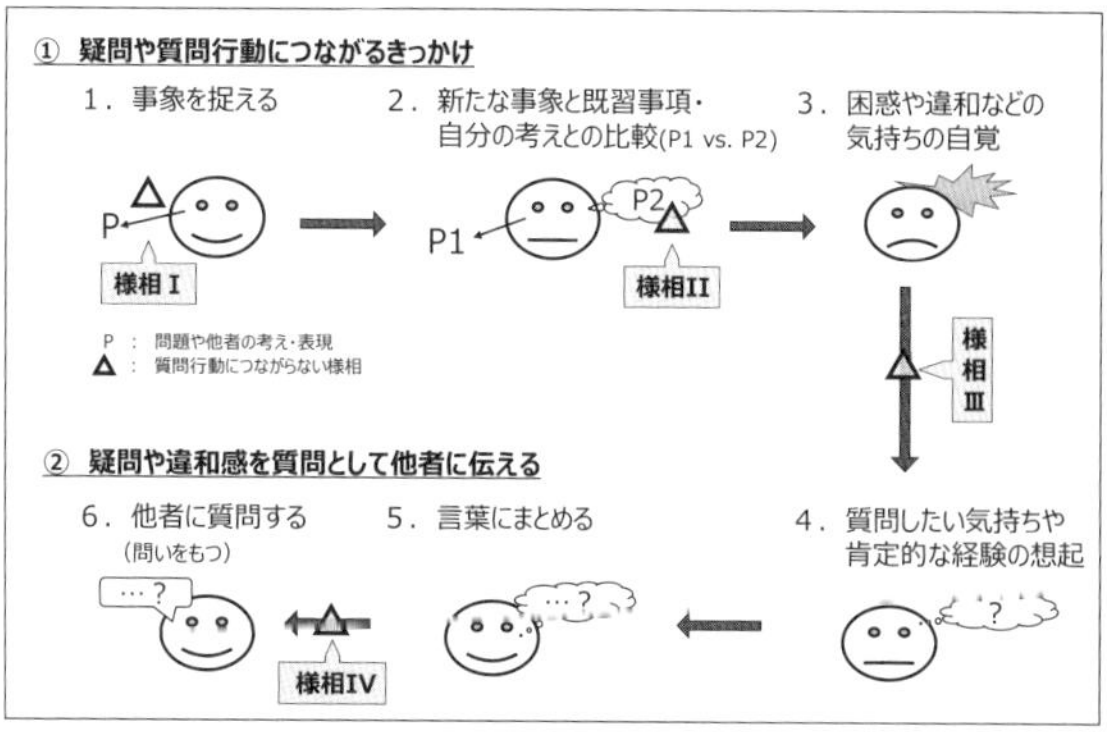

図３　質問行動につながるプロセスとつながらない様相
（「質問作りを中心にした指導による児童の授業中の質問生成活動の変化」生田・丸野(2005)を参考に改変）

〜Ⅳを視点に、子どもの姿を捉えて働きかけていくことで、一端止まってしまった子どもたちを後押ししてあげたい（図3）。

●●● 仲間の考えを聞いて修正すること、次の解決に活かすこと

五年生の割合の活用場面で、日常事象の割合を問題にして扱った。

ＡＮＡ、春休み国内線予約好調　前年比□割増

春休み期間中の予約数は、コロナ禍前の２０１９年同期比で約7割に回復した。２０１９年の春休み期間の利用客数は１５０万人程度。前年の２０２１年同期は約70万人で、コロナ前と比較すると5割にまで落ち込んだ。今年の春休み期間の旅客数は公表していないものの、コロナ前比□割減（❶）、前年比□割増（❷）の１００万人前後で推移する見通し。

右は、実際に報道されていたニュースである。羽田空港のチェックインカウンターの前で広報担当の人が、図４のフリップのグラフを提示し話をしていた。ニュースの数値の部

分は、筆者が□で隠した。

さて、今年（２０２２年）の旅客数は、コロナ前□割減（❶）、前年比の□割増（❷）に、入る数は何だろうか。

一見すると、コロナ前比３割減、前年比２割増に思える。授業での子どもたちも短い自力解決の後、「７割まで回復したから、10－７＝３、３割減」「７－５＝２、２割増」という考えの子が発表した。しかし、違うという声が上がってくる。ここで、違う派の意見をすぐに説明させてはいけない。これでよいと思っている子に指名する。「なんで？　５＋□＝７で合ってるよ」と他者とのズレを感じつつも、自分の考えを主張している姿は素晴らしい。

集団の考えが二つに割れていることを意識させるために、「２割増でよさそうだけど、違うって言っている人もいるの？」と立場を挙手させた。おおよそ半々である。立場を明確にした後、反対派の子を指名した。「ひき算の２は合っているけれど、これは２割じゃない」と述べた。

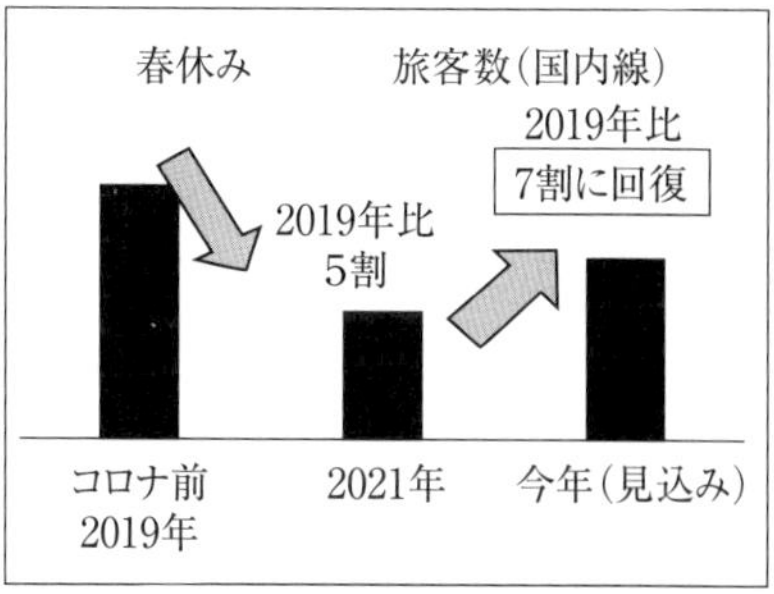

図４　ＡＮＡの旅客数

(❶)は2019年比であり、(❷)は前年2021年比の割合を考えているから、基準量が違っているのである。しかし、棒グラフの数値と矢印を見ると、割合同士を引きたくなってしまう。2割増加していると思えるのに、そうではないと言われている。どういうことだろうかと本当の自力解決が始まる。正しい考え方をもてている子にとっては、どのように説明することで2割増ではないと納得してもらえるのか、根拠をもとにどう表現するのかが課題となる。

問題提示のやりとりで立場を問うた時、2021年比が二割増という誤答に挙手をしていた子をざっと把握していた。全員を正確に把握することは不可能であるが、ノートに最初の自力解決が残るようにしていたり、立場を問うた時にノートに書かせたりするといい。後半の話し合いにつなげるためには、誤答の段階にいる子の中で、数名にフォーカスをして、変容を見取りたい。

以前、本会の元会長山本良和先生の日常の授業を二日間にわたり参観させてもらった時、一つ一つの授業の中で主役のような子がいた。発想や思考が秀でていて目立つ子というわけではなく、素朴な考えの中に価値を見いだしたり、良い方向へ改善していったりして一人の子の思考の変化を授業に生かしているようであった。年間一七五時間ある算数授業において、一人一人主役を決めたとしても四、五回は回ってくる。この時間は、フォーカスした子の思考を生かすと授業者が決めてその一時間を展開することも、協働的な学びの中で、自己を調整して学ぶ姿を見いだすことができる。

授業に話題を戻す。机間巡視の間に、先ほどフォーカスした児童の反応を見て回る。ここで修正できている子もいれば、そうでない子もいる。一人一人に声をかけることは難しいが、「何に目を向けるといいかな？」「（❶）は合っているんだよね」「どうして（❷）は引き算ではいけないのかな？」と個によっては着眼点を引き出すようにしてもいいと思う。自己修正は簡単ではないからだ。既習事項と結び付けようとする姿勢は、どんな算数の授業でももたせたい。

検討場面に入る。5割と7割のことを「5割と7割は、2019年の旅客数を△10とした時の2021年が△5で、2019年が△7を表している」「2021年を1とみて

図5　板書したグラフ

２０２２年がいくつかを表さないと、何割増でいえない」と説明がなされた（図６）。さらに「だから、２０２２年の△5を基準で△7を表していることだよ」と、基準量を１と比較量がいくつにあたるか捉える必要を述べた。７－５ではないという理由が少しずつ広がってきてはいるものの、まだ難しい様子をしている子も多くいた。

　ここまで人数に着目した発言が少なかったため議論を振り返った。２０２２年は２０１９年の７割の１０５万人であることを確認し、１５０万人↓（５割）↓75万人↓１０５万人であることを整理し、考える時間をとった。

　ここまでのやり取りを踏まえて、「考えが変わった子が発表できるかな？」と投げかけた。修正する視点を話すことができれば、修正できなかった子たちの解決の手がかりとなる。すると、始めは２割増と考えていたRさんが、自信がなさそうであるが手を挙げた。勇気を出して手を挙げ

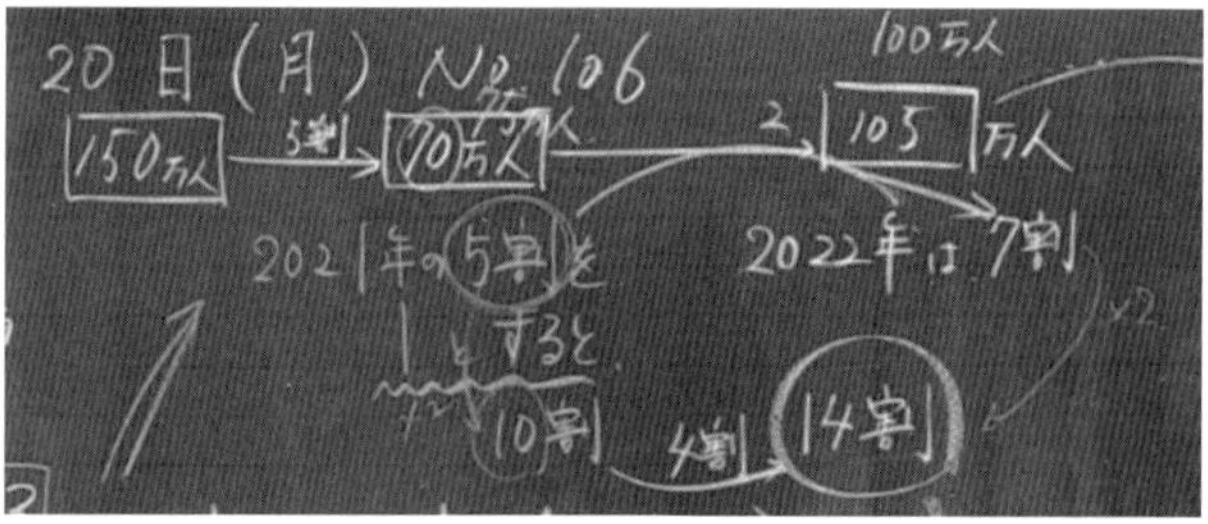

図６　子どもの説明した図

ようとした姿を価値付けつつ、細々した声に耳を傾けた。「２０２１年の５割を２倍して10割にします。そして、７割も同じように２倍して14割になります。だから、４割増えたといえます」と発表をした。「分かりやすい！」という声も上がり、多くの子が納得する様子が見られた。さらに「10割とは、２０２１年を１として考えている」と付け加えられた。ここでどうしてそうしようと思ったのか、発想を本人だけでなく全体に想像をさせた。すると、「２０１９年を10割にして考えていたから、２０２１年も10割にすれば考えられると思ったんだと思う」と発想や、着眼点が広がっていった。２０１９年を10割と捉えた考え方を活かして考えたのである。

この後、人数を基に、１５０×0.7＝１０５（万人）、75×1.4＝１０５（万人）、１０５÷75＝1.4（倍）と４割増えたことが正しいを確認した。

さらに数直線図で考えていた子を指名し、図で確認をしていった（図７）。２０１９年を⑩とした目盛りに対し

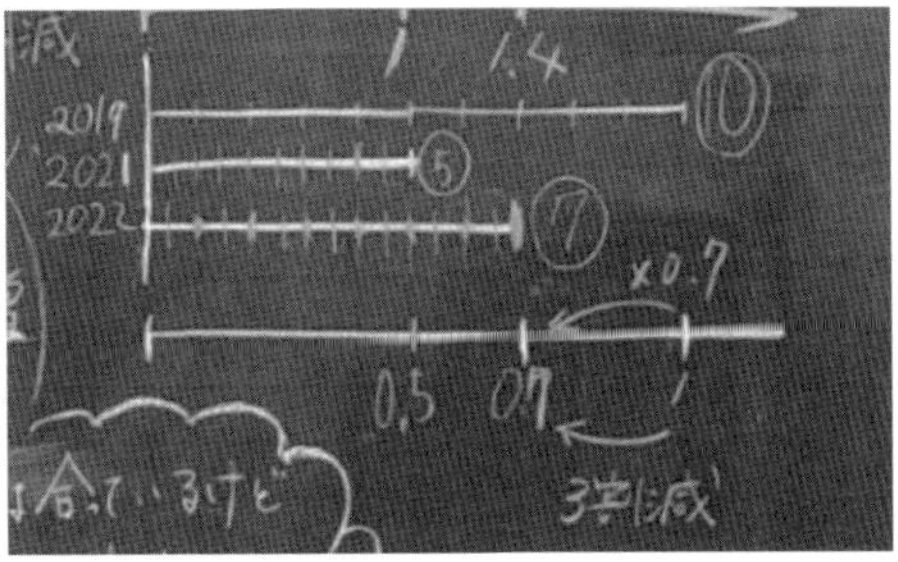

図７　板書したグラフ

て、0.5と0.7（×0.7＝3割減）を確認した後、２０２１年を基準として1.4倍を、図ではどう捉えられるのかを考えさせた。すると、２０２１年の5の目盛りの間に、１本ずつ線を違う色で書き加えて、10目盛りに変えた。同じように２０２２年の7目盛りの間に書き加えて14目盛りにした。これもRちゃんが発言した10割とみる見方が活かされたといえる。10割と14割をもとに、基準の1と1.4の関係を図で捉えた。基準量が変わると比較量に対する割合が変わることをつかんでいった。

●●● 肯定的な気持ちのもてる教室環境

Rさんは、授業の始めに自分の考えの間違いに気づき、他者の考えと自分の考えを比較して修正し、思考過程を言語化した。さらには、勇気を出して全体に伝えようと発言をした。友達もその発言を賞賛し、Rさんの発想をもとに理解を深めていったといえる。

質問行動のモデルに示した様相Ⅲでは、質問しようとする肯定的な気持ちをもてずに止まってしまう子どもがいる。見通し、遂行、振り返りといった自ら学ぶサイクルには、動機付けや感情など情意的な側面も関係している。日々の授業の中で、ずれや疑問に向き合う姿、質問として言語化する姿、誤答を修正する姿など、よりよい問題解決の姿に、子どもたち自身が価値を感じられるようにしたい。褒めて、励まし、広げていく教師の関わり方だけでなく、子どもたち同士が価値を伝えあえる教室環境が理想的である。自己を調整しながら学びを進めるために、肯定的な気持ちのもてる環境づくりを意識していきたい。

［田中英海］

明解な論理を構築する子どもに育てる

「どうして？」から始まる論理的思考

子どもが論理を明確にしながら説明をしようとするのは、授業中に「どうして？」という声が聞こえた時ではないかと考える。発表している子どもが「どうして？」と友だちに言われたら、もっと詳しく説明しよう、もっと友だちに理解してもらえるよう明解な説明をしようという気持ちになるはずである。また、「どうして？」と言える子どもは、わかっていることとわかっていないことの境がはっきりしているからこそそのように言えるのである。つまり、そのような時は、聞いている子どもの論理的思考も育っているということになる。

子ども達が論理を明確にしながら説明していけるような手立てを取る必要がある。どのような手立てが必要か、まずは授業の進め方について考えていきたい。

論理的な思考を育てるために

まずは、論理的な思考を育てていくことを考える。先にも述べたように、「どうして？」という声が聞こえるようにするためには、一人の子どもが全てを説明するだけではなかなか実現しない。ましてや友だちの説明を聞いて、「いいです」と言っているだけの授業では、聞いている子ども達は、ただ聞いているだけになってしまい、「どうして？」と疑問に思うことすらないだろう。かといって、その子ども達が本当に理解しているだろうか。否である。もっと周りの子ども達が発表する友だちに積極的に関わっていくようにする必要がある。では、どうしたらよいのか。

まずは、友だちの考えを一緒に考えていくという活動が必要であると考える。友だちの考え（式）を小刻みに考えさせていくのである。子どもは、友だちの式を見て話を聞いただけでは、その考えがなかなか理解できない。式の意味を一人の子どもに全て発表させるのではなく、一つずつ周りの子ども達に考えさせていく。そのようにすることで、順序良く考えて、思考を整理することができるので、子ども達の中に論理的な思考が育っていくと思っている。また、積極的に友だちの式に関わっていくと、必ず「どうして？」という声が上がる。「ここまではわかるけど、そのあとがわからない」というように、わからないことがはっきりとするからである。すると、さらに、明解に説明しようとする子どもが出てくるのである。

次に大切なのは、子どもの思考に合わせて授業を進めることである。子どもの思考は、授業一時間の中でも次から次へと発展し、そして、課題が生まれてくる。それらの課題を皆で解決していくことで、より明解な論理を構築していけるようになると考える。

●●● 明解な論理を構築する子どもの姿

では、実際に明解な論理を構築する子どもの姿とはどのようなものかを考えていきたい。私が考える子どもの姿は、次のようなものである。

(1) 式を結びつけて考えたり、簡単な場合を考えたりする子ども

円の面積を割合で考えた時のことである。図1の図形で、正方形に対する円の面積の割合を考えると、三つとも同じである。

勿論、子ども達は、初めからそのことがわからない。実際に割合を求めてみて、同じに

なるとわかった時、やはり「どうして？」という声が上がった。

まず、アとイについて考えてみる。子ども達は、まず式に目を向けた。そして、「正方形の面積が0・49倍になっていると、青の面積も0・49倍になるので変わらない」ということを見い出した（図2）。

では、イとウはどうだろうか。この場合もほとんどの子どもが同じように式から考えて

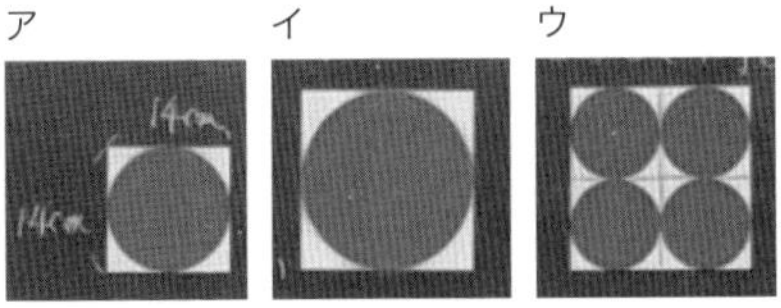

図1　割合で考える円の面積

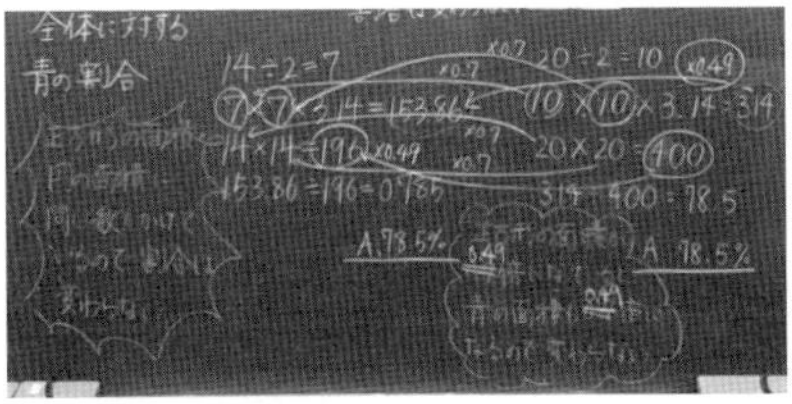

図2　授業の板書

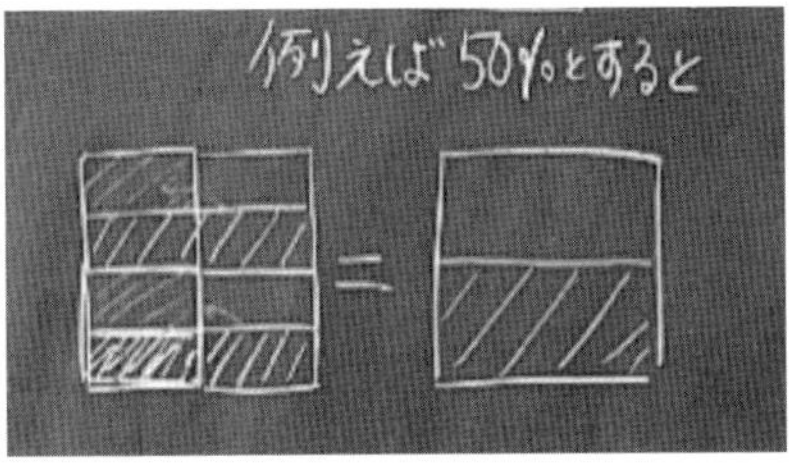

図3　子どもの割合の説明

いたが図3を示して説明をした子どもがいた。その子どもは、「例えば50％とすると」と言って、下の図を書き出した。つまり、正方形を四分割した50％と正方形の半分の50％は同じというのだ。この説明を聞いて、子ども達は、「なるほど」と納得していた。このように、簡単な場合を考えることができると、より明解な説明になっていく。

(2) 先行知識ではなく、既習事項をもとに考えていく子ども

「水そうを水でいっぱいにします。Aのじゃ口から水を入れると30分、Bのじゃ口から水を入れると45分かかります。この水そうがからの状態からA、B2つのじゃ口で同時に水を入れると、何分で水そうがいっぱいになりますか」という問題。先行知識のある子どもは、すぐに全体を1として、図4のように考えた。だが、勿論、この時も「1って何？」「どうして1にしたの？」という声が上がった。

そこで、他の方法で考えた子どもに発表させた。すると、図5のように考えた子どもがいた。式をみんなで少しずつ考えてい

$1 \div 30 = \frac{1}{30}$

$1 \div 45 = \frac{1}{45}$

$\frac{1}{30} + \frac{1}{45} = \frac{1}{18}$

$1 \div \frac{1}{18} = 18$

答え　18分

図4　先行知識のある子の計算

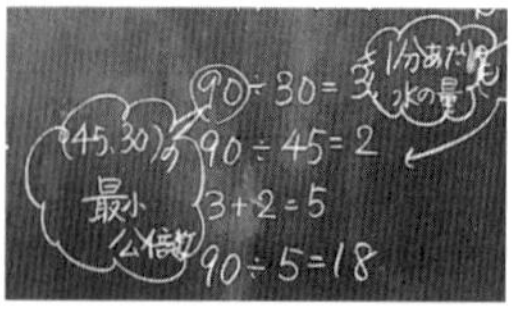

図5　最小公倍数を使った説明

く。「どうして90にしたの？」「90は、45と30の最小公倍数だから、わり切れるようにした」「3と2は何のこと？」「1分あたりの水の量」ここで、まだわからなそうにしている子どもがいたので、図で説明してもらう（図6）。

すると、子ども達の中に、「それは90だからできたんじゃない？」と言う子どもがいた。子ども達の中に、「他の数だったらできないのかな？」という問いが生まれる。子ども達は、「30と45の公倍数ならできる」と言った。そこで、「もし、１８０Ｌだったら」と考えることにした。答えは同じになった。すると、「でも、やっぱり30と45の公倍数だからできたんじゃない？」「他の数だったらきっとできないよ」という声。今度は、公倍数ではない他の数「もし１００Ｌだったら」と考えてみることになった（図7）。これも同じ答えになることは子ども達にとって驚きだったようだ。「数は何でもいいんだね」と理解した子ども達。この段階を経て、ようやく子ども達は、「全体を1にして考える方法」

図6　説明の図

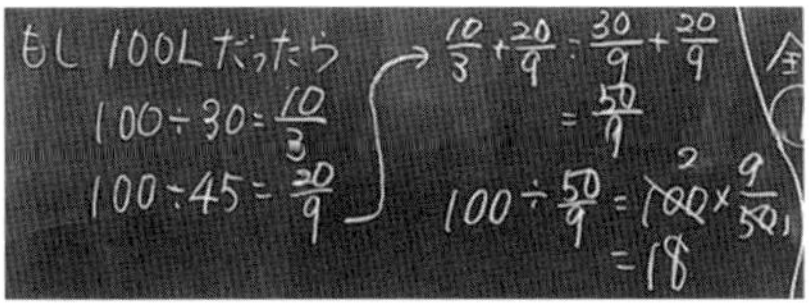

図7　100Ｌの場合の例

を納得することができたのである。

　このように、「もし～だったら」と問いを続けて考えていくことによって、より明解な論理を構築していくことができる。また、このように既習事項をもとに考えていける子どもは、より明解な説明をすることができるようになると考える。

(3) どうしてそうなるのかをいろいろな図で考える子ども

　場合の数の学習である。「4種類のケーキから3種類を選ぶ。選び方は何通りあるか」という問題。子ども達は、前時に5種類のものから2種類を選ぶ組み合わせの学習をしていた。ほとんどの子どもが既習をもとに、樹形図を使って考えていた。だが、その中に下記のように、前時で出された図形を書いた子どもがいた（図8）。

「それは、4種類から2種類選ぶ時だったらいいけど」と

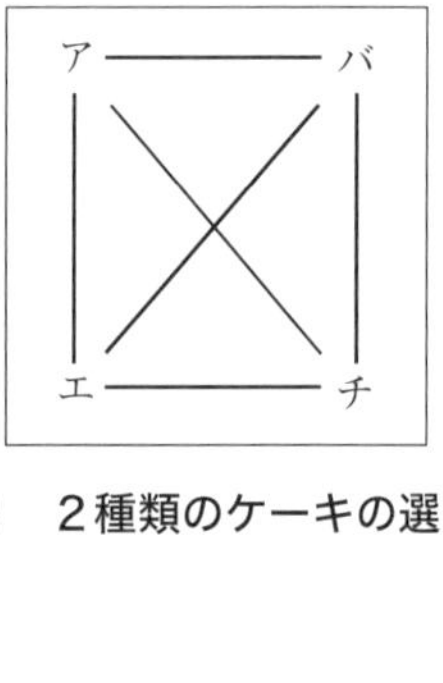

図8　2種類のケーキの選び方

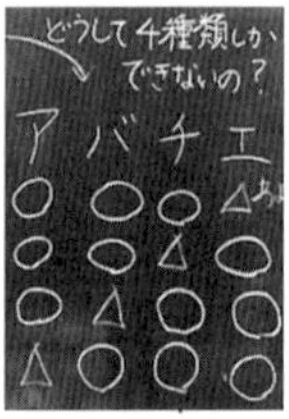

図9　説明の図
（アバチエ。それぞれあまりが一つずつ。）

言われ、本人も納得。この時は、それで話は終わり、子ども達は、「どうして4種類しかできないのだろう」と次の課題を考えた。子どもの中には、「3種類選ぶということは、1種類余る。1種類余るのは4通りしかないから」と説明した子どももいた。だが、どうしても言葉だけではわからない子どもがいた。そこで、いろいろな図で説明が行われた（図9、10）。

みんなが「なるほど」と思って終わろうとした時、さっと手が挙がった。

「さっきの図形でも考えられるよ」

「アバチを線で結んで一通り。アエチを結んで二通り」（図11）

この考えに、私も「なるほど」と思った。そして、「このお友達はこの後どうすると思う?」と、周りの子ども達に聞いた。

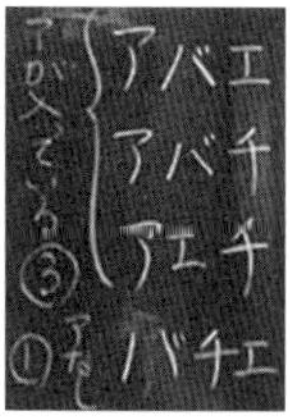

図10　説明の図

（アが入っているのは3通り。アがないのは一通り。）

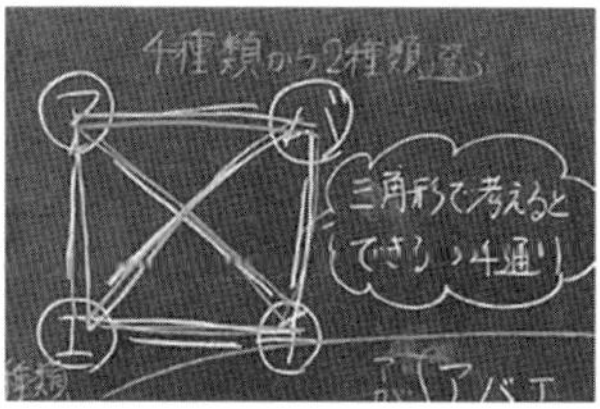

図11　図8を応用した考え方

「エチバも結ぶと思う」

「そうか。エバアも結ぶと、全部で4通りだね」

このように、いろいろな図を使って考える子どもは、明解な論理を構築しているのは勿論だが、さらに一見使えそうにない図でも活かすことのできる子どもは、より明解な論理を構築しているといえよう。子どもの柔軟な思考に私も脱帽である。

●●● 明解な論理を構築できるようにするための具体的な手立て

次に、明解な論理を構築できるようにするための具体的な手立てを考えていく。どの子どもも論理を明確にしながら説明ができるようにしていきたい。だが、すぐには難しい。そこで、私は、次のような手立てを取っている。

・自分で選ぶ説明活動

追いかけ算の学習。「N先生は分速80m、I先生は、分速100mで歩きます。I先生は、N先生が出発してから3分後に出発しました。I先生が出発してから何分後に、I先生はN先生に追いつきましたか」という問題である。

子ども達の中から、「80×3＝240、100－80＝20、240÷20＝12」という式が出

される。まずは、友達の式の意味を考えていく。「80×3＝240は、初めの道のりの差だよね」「100－80＝20は、分速の差。つまり、1分間に進む道のりの差」「この場合は、1分間に縮まる道のりだね」「240÷20＝12は、初めの道のりの差を1分間に縮まる道のりの差で割ると、何分かかるかが出るね」と、子ども達は、一つひとつの式の意味を考えていった。

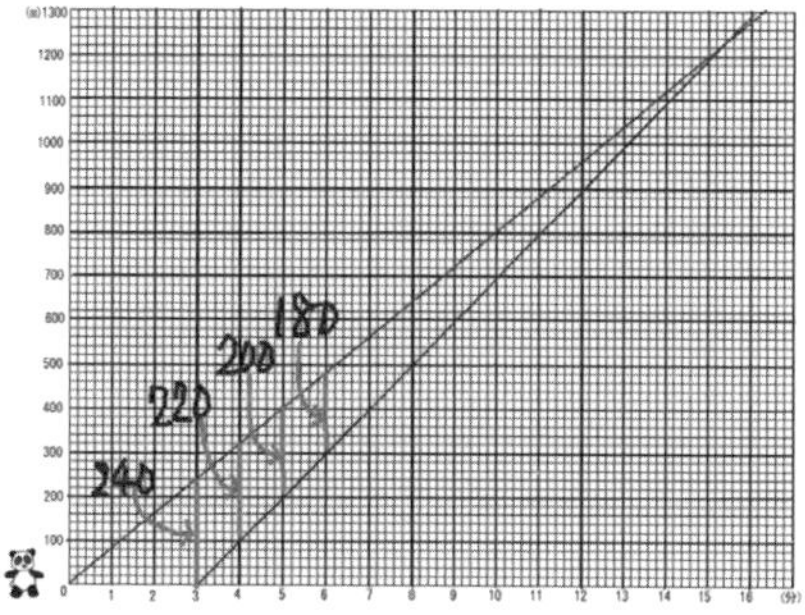

図12　時間と距離のグラフ

（2差が240 m のところからは、20 m ずつ減っているから240 ÷ 20 になる）

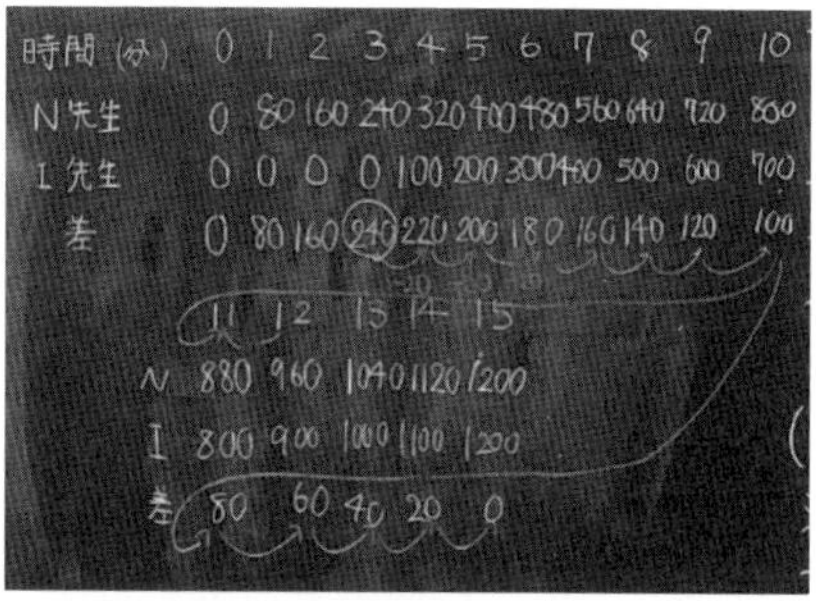

図13　時間と距離の表

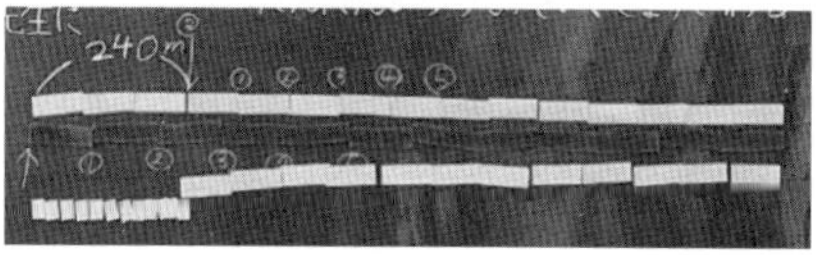

図14　時間と距離のテープ図

（黄色のテープ一つ分が速さの差20 m。はじめの道のりの差240 m を20 m で割っていることと同じになる）

「I先生とN先生の始めの距離の差をだんだん縮まっていく距離で割る」ということはなんとなくわかったようだったが、もちろんこの段階で全ての子どもが理解したわけではない。「どうしてはじめの距離の差をだんだんと縮まっていく距離で割るのか」ということが次の課題となった。そこで、その説明を考えるために、自分が使いたいツール（テープ・表・グラフ）を選ばせた（図12〜14）。その際には、一人で考えてもいいし、同じツールを使う友だちと考えてもよいこととした。このようにすることで、一人では不安な子どもも友だちと話し合うことによって、明確な論理を構築させ、説明をすることができた。

●●● 他者意識をもたせるために

自他ともに明解な論理を構築する子どもを育てるためには、説明の際、他者意識をもたせることも重要である。最後にそのことについて考えたい。

私は、どちらかというと、前述のように、友だちの考え（式）を小刻みに考えさせていく授業をすることが多い。ところが、ある時、ふと私対子どもの対話になっていることに気づいた。確かに、式の意味を少しずつ考えていくので、ほとんどの子どもが内容を理解し、楽しそうに授業に参加している。論理的な思考が身についていっているとは思う。だが、この状態は、子どもが、私の問いに答えているだけになっているのではないだろうか。

そのように反省した私は、子どもが説明を始めた時、まずは教室の後ろに立つことを意識するようにした。すると、説明している子どもは、私だけを見るのではなく、友だちの方を見るようになった。

さらに、説明する子どもには、「ここまでは大丈夫?」など友だちの反応を見ながら説明するよう促すようにした。だが、そうすぐには、説明をする子どもも上手くはできない。そこで、私も説明を聞いている子ども達の様子をよく見て、首を傾げている子がいたら、「ちょっとわからない友達がいるみたいよ」と、間に入ることもあった。今では、少しずつではあるが、聞いている子ども達もうなずいたり、首を傾げたり、「どうして?」と聞いたりしながら参加している。「ここまでは大丈夫?」と友だちに聞かれると、教師が聞く以上に、真剣に応えている子ども達の姿がそこにはある。また、説明している子どももも、友だちの様子を見ながら、さらに理解してもらおうと明解な説明を心がける。そして、だんだんと「じゃあ、ここはどうなる?」と友だちに聞きながら説明するようになってきた。

ある子どもがくれた手紙には次のようなことが書かれてあった。

「少し難しい問題をいろいろな視点から考え、解き方を説明する算数の授業。答えがわかっても、人に伝えるのは意外と大変で、伝わった時はとてもうれしく、算数を楽しい！と思えました」

自分の説明が伝わった時の喜び。このような経験をたくさん積ませることが明解な論理を構築する子どもへと育てることができるのではないだろうか。

［永田美奈子］

学びを整理する子どもに育てる

学びを整理するのは、誰？

一見して整理されていないと分かる子どもの部屋。学校から持ち帰ったプリントやノート類が無造作に置かれている。この光景を見て、「片付けなさい！」と大声を上げたくなるが、当の本人は我関せずの様子で、一向に改善しようとしない。だったら、子どもに代わってこの部屋を整理してあげるべきか？　いや、手っ取り早く部屋をきれいにすることはできるが、そのときだけ。進んで整理する子どもには育たない。学びも同じである。

「今日の学習のまとめを書きましょう」

こう話して、いわゆるまとめの文章を教師が率先して黒板に書き、それをただ子どもが写すことをしていないだろうか。人間は誰だって楽をしようと考える。常に教師が学びを整理していては、「どうせ、先生がまとめてくれる」と思って、子どもは自分から動かなくなる。

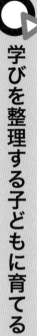

学びを整理するのは子どもであって、教師ではない。いやいや、学習内容をしっかりと教えるには、教師が的確にまとめるあの文章が必要なのだと言う方がいるかもしれない。あるいは、子どもができないから、教師がしてあげなければと思われる方がいるかもしれない。だったら、今一度、考えてみてほしい。算数の授業を通して、子どもに何を教えようとしているのか、と。

例えば、第4学年「面積」の学習には、「面積の単位『㎠』を知り、長方形や正方形の面積の求め方を理解する」という指導目標がある。この文言どおりのことだけを教えようとするならば、始めから教師が一方的に、「長方形の面積を求めるには『縦×横』を計算し、答えに『㎠』の単位をつけて表します」と話してやり方を示し、あとは練習問題に取り組ませるという授業を考えることもできる。授業後、すぐにテストを行えば、子どもは教えられたとおりに処理し、丸をもらって喜ぶかもしれない。

目の前の子どもを、手っ取り早くできるようにさせたい気持ちも分かる。しかし、その場しのぎに習得した知識や技能は一時的には役立つものの、本当に身につくものではないことは、我々大人は自身の経験からよく分かっているはずである。

――算数の授業を通して、子どもたちに何を教えようとしているのか。

目の前にいる子どもたちが活躍する未来は、予測困難な社会だといわれている。そのような社会において、「縦×横」で長方形の面積を正しく求められれば、自分らしく生きていけるのだろうか。誰かが教えてくれるのをじっと待ち、教えられたとおりに処理さえすれば、社会で活躍できるのだろうか。否である。

学級担任や算数専科として同じ子どもに接するのは、せいぜい一、二年程度の時間であろう。その時間の充実を図ることも大切だが、合わせて、もっと長い、その子の未来を見据えた〝結果〟を求めるようにしたい。さすれば、教師による一方的かつ汗入的な指導ではなく、子どもが自分で考え表現していけるようにすることが、未来社会を自分らしく生きるために必要だと分かるだろう。こう思うと、教師の手だても変わってくる。

●●● ガクモン、ゲットだぜ!

教師が一方的に教えない。

まずは、子ども自身に学びを整理させよう。ただ「やりなさい」ではなく、できれば、子どもが楽しんで整理していけるように手だてを講じて——。

子どものノートに書かれた、一見、算数には不似合いな絵。これが、「ガクモン」である（図1）。「ガクモン」とは、授業で直面した困ったことを、子どもがモンスターに例えて表したものである。

思いっきり外発的動機付けであることを否定はしない。とにかく、教師が板書した文章をそのまま写すだけの学びの整理から脱却したかった。子ども自身で学びを整理する始めの一歩として、子どもが容易に、端的に表せるものとして、「ガクモン」を始めたのである。

先ほどの「ガクモン」は、第6学年「分数のわり算」において4／5÷3の計算が、前時の4／5÷2と同じように分子のわり算をしても、4が3で割りきれずに困ったことを表現したものである。そして、この困った〝モンスター〟に対して、この子は「へんしーん」の技を使って分数を変身させ、姿を変えて乗

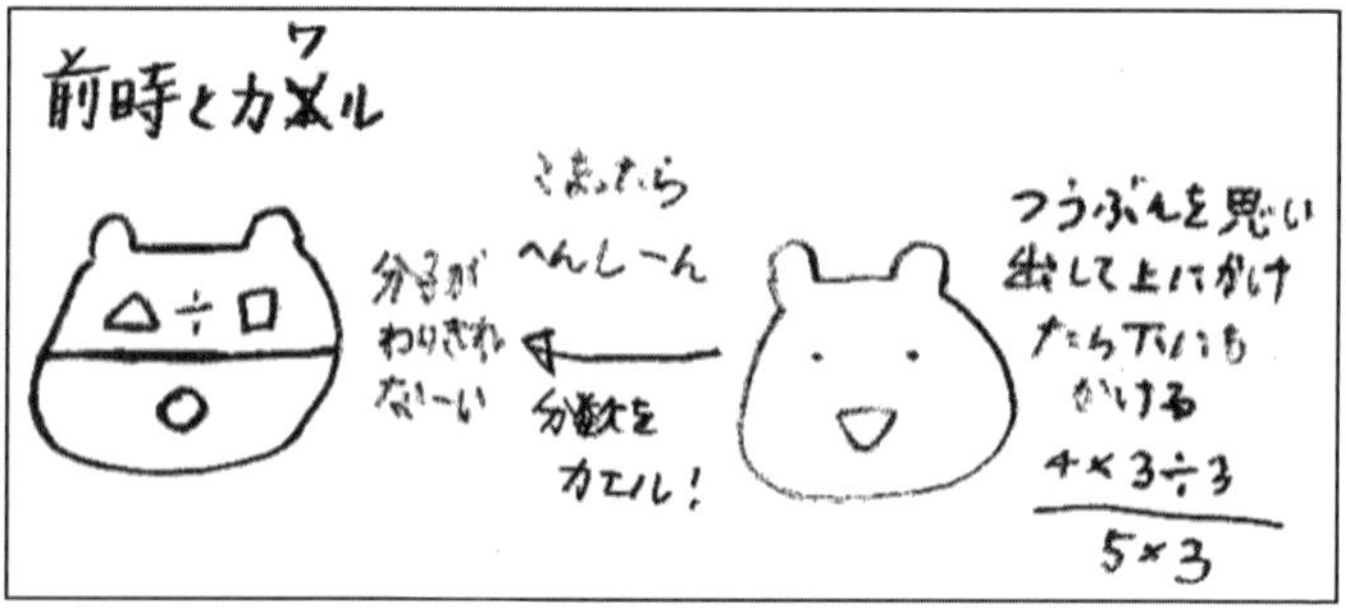

図1　ガクモン（授業で直面した困った事）

り越えればよいと、自分の言葉で思考過程を表現して学びを整理している。

絵をかかせることが目的ではない。とはいえ、やはりモンスターの絵には、やりすぎ感も正直ある。別に絵がなくても、文章で表現できればそれでよい。ただ、授業の終末によく行われる、「振り返って感想を書きましょう」という教師の指示のもと、ノートに「よく分かった」「楽しかった」などと感想を書くだけでは物足りない。

何のために書くのか。教師に見せるためなのか。無目的にただ感想を書くだけでは、自立して学びを整理したことにはならないだろう。

それならば、と考えて行ったのが、次の「さんスポ」である。

「さんスポ」とは、「算数・スポットライト」という、勝手に造った語の略である。

「さんスポ」では、授業を振り返って再現するこ

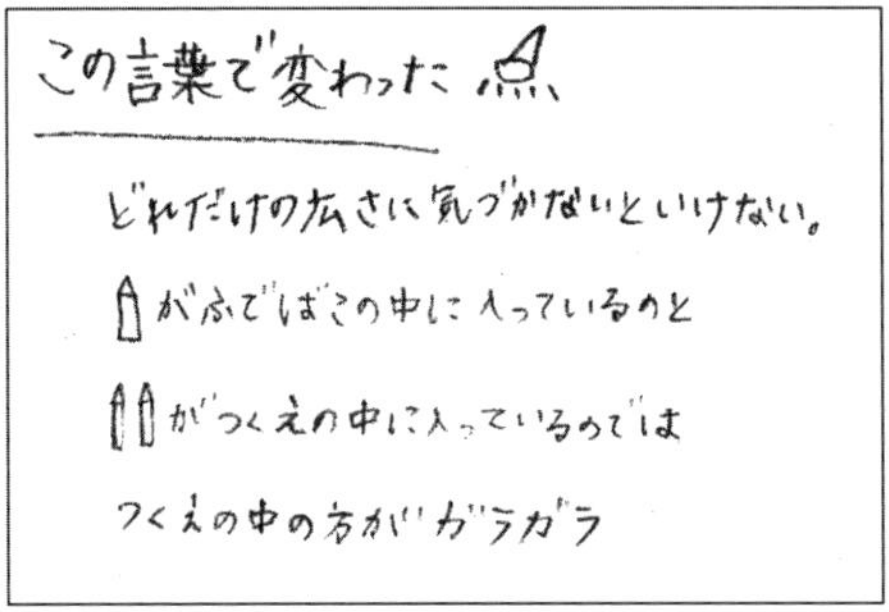

図2　さんスポ
（算数スポットライト、新聞風の学びの整理）

とを行わせる。その際、問題解決に至るきっかけとなった考えや発言にスポットライトを当てるかのように、特にその考えや発言を取り上げて書くようにした。

図2の「さんスポ」は、第5学年「単位量あたりの大きさ」の学習で、子どもが書いたものである。

授業の課題は、「2つの田AとBでよくお米がとれたのはどちらでしょうか」だった。始めに提示した資料には、とれたお米の量が、「Aは70kg、Bは680kg」と書かれていた。この数だけを見れば、数字の大きいBの方がよくとれたといえそうである。しかし、実際には、それぞれの田の面積を調べないと、よくとれたかどうかは分からない。この子の「さんスポ」では、そのことを始めに指摘した子の発言を取り上げ、「この言葉で変わった」と見出しをつけて、その大切さを自分の言葉で例えて述べている。

こうして、「ガクモン」も「さんスポ」も、表現する工夫を楽しみながら、自らで学びを整理することができた。しかし、どちらも「このようにしましょう」と、予め教師が形式を与え、子どもはその指示にしたがって学びを整理しているところが気にかかる。

形式やきまりは必要ですか？

今でも夏休みの宿題の定番として課せられることの多い、読書感想文。子どもの頃、読書感想文を書くことに苦しんでいたことを思い出す。本を読めば、もちろん何かしらの感想はもつ。しかし、その思いを、あの、様々書き方のきまりが存在する原稿用紙に書こうとすると、「作品として、うまく書かなければ……」「原稿用紙のきまりを守りながら、正しく書かないと……」などと考え、筆が一向に進まなかった記憶が蘇る。

表現することにきまりや制約を与えると、その与えられた〝枠〟に窮屈さや重圧を感じて表現に躊躇してしまうのは、実は我々大人も実感していることではなかろうか。

研修レポートや週案、学習指導案などの、あの決められた書式の枠の中への表現に苦労してはいないだろうか。授業構想や研修会に参加しての感想をもつことはできている。しかし、それをあの書式の枠の中に表現するとなると、どう書こうかと悩み、書いては消し、書いては消しと、時間をかけてはいないだろうか。

子どもも同じである。「算数ノートの使い方」と称して、記述の仕方に様々なきまりや制約を与えていることが多い。ノートに書く内容や、あとで振り返ったときに見やすいノートづくりについての指導は必要である。しかし、他教科に比べて算数の場合、書く順番や範囲を決めたり、殊更に線をひくことを求めたりしているように思えてしまう。これも、我々自身の経験を想起すると、窮屈さを感じずにはいられない。

一月に行われた大学入学共通テスト。翌日の新聞にはテスト問題が掲載され、解いてみようかと思って用意した白紙に計算等を書く字は、はたして始めから整ったものであろうか。定規で線をひき、書き方や書くスペースを意識して計算や文字を書いているだろうか。

研究会を控え、授業構想を立てる際も、自分の考えをノート等に殴り書きの状態から始まるのではないか。最初から形式の整った枠の中に表現できるだろうか。道筋がはっきりした段階で、学習指導案の書式に合わせて丁寧に整理して書いていくのではなかろうか。

子どもにとって本時に学習するものの多くは、未習の、初めて出合う内容である。共通テストに取り組んだり授業構想を練ったりするときのように、どうしたらよいかと悩みながら、行ったり来たり方法を探りながら解決を図っていくものである。それを始めから、「算数ノートの使い方」の枠の中で、丁寧に順を追って書かなければいけないというのは、子どもに窮屈さや重圧を与えていることにはならないだろうか。

繰り返すが、ノート指導は必要である。学びの整理は子どもの頭の中で行われることなので、部屋の整理と違ってその様子が見えにくい。だからこそ、ノートへの表現を促すことによって〝見える化〟を図り、整理の仕方を指導・評価することはとても有効である。しかし、それは、道筋がはっきりした段階で行う、でよいと思うのだ。

例えば、単元の導入時に行われる、計算の仕方を考えたり概念を形成したりする授業では、一人で考えるだけではなく、みんなで話し合う時間も多い。授業中、ノートに板書や友達の意見を丁寧に書いていては、他者の話を聞き逃してしまうこともある。

そこで、このような時間のノートは、自分が書きたいと思ったことを自由にメモできるようにしてはどうか。すると、書きたくなったことや大切だと思ったことを自由に書いた、ご想像のとおり、「算数ノートの使い方」で示されているノートに比べれば、書き殴ったようなノートのページができる。それを、子どもが整理する時間を、授業後に設けるのである。

授業ではいっぱい考えたのに、その日の宿題が、単に技能向上を図る計算ドリルでは味気ない。宿題も引き続き考える活動となるように、ノート整理を宿題にしてみたらどうか。今までの考え方ではうまくいかない困ったことに対してどう解決を図ったのかその過程を、授業を振り返って整理させるのである。

このときのノートは、道筋がはっきりした後にその道筋を再度辿りながら整理するので、書き殴りにはならない。子どものノートには、「こう考えたことが役に立った」と思ったことを後でパッと見ても分かりやすいように、字の大きさを変えたり色をつけたり線で囲んだりするなど、それぞれの工夫が見られるようになる。

なお、「今日の宿題は、ノート整理だよ」と授業開始時に予告しておくと、書き殴りだったページのメモも変わってくる。自分にとってあとで役立つメモにしようと、より主体的な記述になる。

この、ノートによる学びの整理を、単元末に行うのも効果的である。単元末に設けられることの多い、学習のまとめと称される時間。何をまとめているだろうか。

教科書に載っている練習問題やドリルの問題を扱って、知識・技能の習熟を図ることが多い。しかし、長方形の面積であれば、「縦×横」の公式を覚え、機械的に計算して面積を求められるようにすることをまとめるのではなく、なぜ、「縦×横」の計算で面積が求められるのか、その理屈が分かり、さらに未習の図形の面積に対しても、「同じようにすればできるのではないか」と働きかける子どもに育てようとするならば、単元末のまとめの時間は公式に当てはめて面積を求めるだけでなく、面積をどのように求められるようにしていったのか、考えた道筋を振り返りまとめる時間にしたい。

具体的には、授業の一時間分を使って、それぞれがノートに自由に単元のまとめをつくるのである。書き方についての制約はない。ノートは何ページ使ってもよい。教科書や毎日書いてきたノート記述を見ながら書いてもよいことにする。

こうして行った、自分なりの自由な表現がされている子どものノートを見てみると、興味深い〝共通点〟に気付く（図3）。その〝共通点〟とは、ノートに複数のキャラクター（ふきだしのみの場合もあり）を登場させて対話させ、片方が困り、もう片方がアドバイスを送ったり解説したりするという構図で表現されていることである。

つまり、分かったことを、ただ箇条書きのごとく羅列して書くのではなく、対話形式で、客観的に表現す

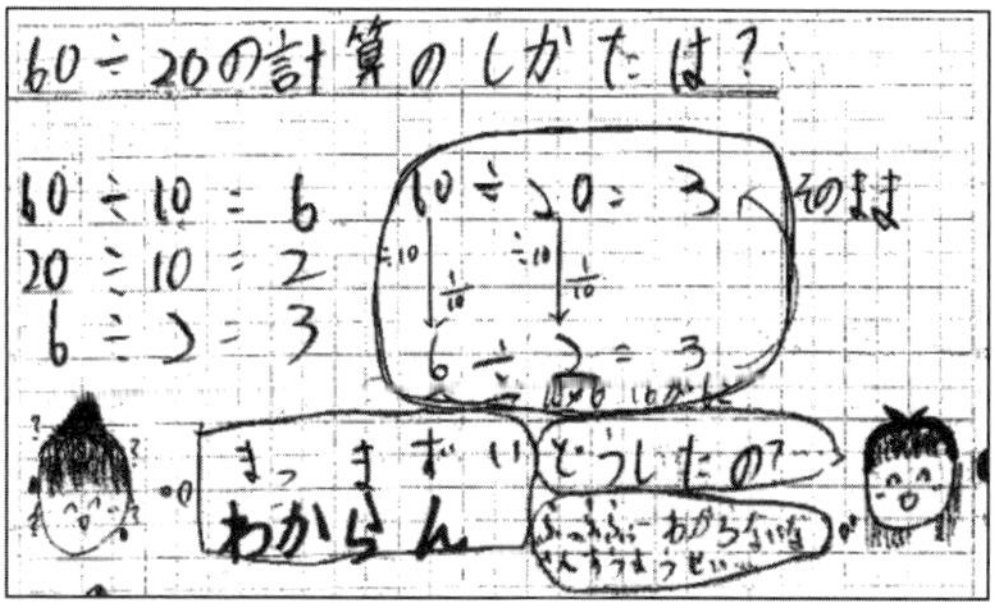

図3　ふきだしを使ったノート例

ることが、子どもにとって学びを整理しやすい方法になっているのである。

また、対話で表れる〝困ったこと〟というのが、まさに、授業で直面した困ったことを振り返り表現したものになっている。

すなわち、子どもは、解決結果だけをまとめようとしているのではなく、直面した困ったこととその解決策をセットにし、エピソード記憶にして学びを整理していることが分かる。だからこそ、授業では、子どもを困らせることが重要なのである。

●●● 子どもを困らせているだろうか

子どもを困らせることが重要と言いながらも、当の子どもが「困ってはいけない」と思っているうちは、学びの整理もその子自身の思いとかけ離れた〝きれいごと〟、教科書に書かれているような「結果」のみを整理するだけで終わってしまう。

例えば、ある子が発言すると一斉に声を揃えて、「いいでーす」「同じです」と反応を返すあの場面。授業者にとってみれば、子どもたちの声を聞いて安心し、「子どもたちはよく理解し学んでいる」と思ってしまうが、実はそうとは限らないことを、単元末等に行う総括テストの結果から感じることも多いのではないか。

——思っていたほどできていない……。

休み時間の、真の子どもの姿を見れば、その理由は一目瞭然。それぞれが、それぞれ思うことを自由に話すのが子どもである。休み時間のどこに「同じです」のような、声を揃えて自分の思いを話すグループがいるだろうか。教師がそうするように強いているのではないか。子どもにとっては、窮屈である。

「困ったことがあったら、手を挙げて質問してね」と言われても、その他の子全員が「いいです」と合唱する中、一人だけ困ったことを話すというのは、相当勇気のいることである。「自分だけそう感じただけなのかなあ。まあ、いいか……」となるのも必然である。

学びを整理する子どもを育てるには、子どもを困らせることが重要である。その前に、子どもに、困ってよいことを伝える必要がある。まずは授業での、大人目線による、教師に都合のよい成約・形式をなくして子どもを自由にさせること、少なくても、「いいです」「同じです」の合唱をやめることが必要である。

「いいです」「同じです」をやめると、頷いたり首を傾げたり、「そうそう」「えっ？」などと一人一人が反応を始めるようになる。それまでは、「いいです」「同じです」の声を耳でキャッチするだけでよかったかもしれないが、これからは子どもそれぞれの反応を、耳を澄ませ、目でよく観察をして受け止め、特に困ったことを表す反応を全体に取り上げるようにするのである。

「今、『えっ?』って呟いた子がいたのだけれど、何が「えっ?」なのかが分かる?」

「『ん?』と首を傾げる子がいたけれど、そうだよね。よく分からないよね」

困ったという反応を認め、「困っている」と反応できたことを称賛することによって、子どもは安心して素直になることができる。子どもが素直になれば、困ったことが自然と授業での話題の中心となり、学習後には、直面した困ったことに対して、どう乗り越えたかという思考過程を整理していけるようになる。

子どもに自由にさせる、イコール、教師は何もしないと言っているのではない。子どもにとっては、初めての経験である。教師は模範者となり同伴者となって、子どもの学びを支える必要がある。決して、子どもよりも先には進まないように気をつけながら――。

――学びを整理する子どもに育てたい。自立した学び手が育つ授業をつくりたい。

そう思うことは大切だが、そのための方法をあまり難しく考えすぎない方がよいようにも思う。「問題解決の型」に「振り返りの方法」等々……。考えれば考えるほど形式が先行したり、子どもに対して「～をさせよう」と考えて制約が生まれたりする傾向にあると思うからだ。

考え方についても、やれ統合的な考えだとか一般化だとか、発展的な考えもあるなどと細かく分類して考えがちだが、子どもはそんな分類をしてはいない。困ったことがあるからそれをどうにか乗り越え、だったら、次に出合ったときも同じようにしていけるように忘れないようにしようと整理するだけである。

難しく考えすぎず、教えよう教えようとばかり思わずに、肩の力を抜いて子どもと一緒に直面した困ったことを解決していく冒険を楽しもう！　それでよいのではないか。

子どもに与えるべきものは「結果」ではなく、「経験」である。だからこそ、授業も学びの整理も子どもの素直な動きを引き出し、待つようにしたい――。

自分への戒めを込めて、常に根底にもっておきたい思いである。

［中村潤一郎］

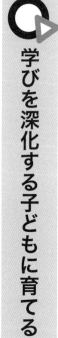

学びを深化する子どもに育てる

学び続ける人間の育成

漫画「ドラえもん」の中に、タイムマシンで未来からやってきたのび太君が、「小学生のころちゃんと勉強してればこんなことにならなかった」と、小学生の自分にお説教をするシーンがある。子どもは、将来困らないために学ぶのであろうか？　それは確かに大切である。しかし、まだ大人になっていない子どもにそんなことを言っても説得力はなく、うるさがられるのが普通ではないだろうか？　将来に役立つ知識や技能を習得するためという目的は、ある程度の未来像がイメージできるようになってから実感するものである。そう考えると、小学生の子どもたちの学ぼうとする意欲はどのようにして生まれるのであろうか？　まず考えられるのは、「やってみたい」、「考えたい」、「確かめたい」といった思いをもったときであろう。そしてそれらの思いは、他者とのかかわりの中で、認められた達成感や、あと少しという悔しさを味わうことで、「もっとやってみたい」、「次はこうしてみよう」となり、その経験の積み重ねが、学びを持続可能にしていくのである。そのような子どもの姿を日々の授業で引き出すには、解決過程で新たな困難が生まれ、問いが連鎖していくサイクルを意識した展開が大切ではないだろうか。

　五年生の子どもたちと、じゃがいも掘りに出かけた翌日の授業でのことである。画用紙で作ったじゃがいも12個を提示し、友達4人で分けることを伝えた（図1）。すぐに、「3個ずつ」という反応があり、1人3個ずつとなるように黒板に示すと、子どもたちは、「違う！　違う！」と盛り上がりだした。「ちゃんと平等に分けたい」という言葉に対して、「みんな3個ずつだから平等じゃないの？」と問うと、「数が同じでも大きさが平等じゃない」という発言があった。しかし、大きさで分けてみようとしても、大小判断でいちいち意見が分かれ、どうにもうまくいかない。子どもたちは、「ぴったり均等なんて無理」、「できない」と困りだしたのである。

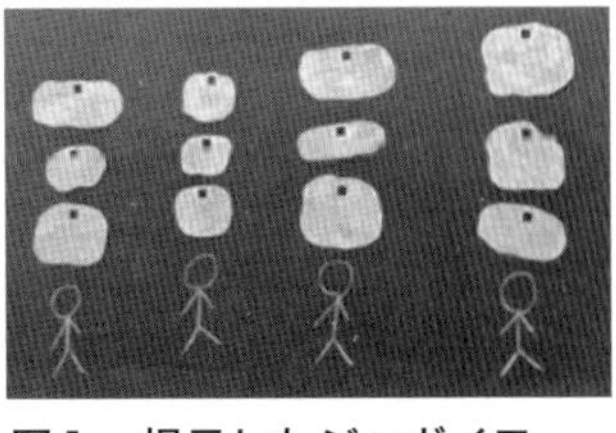
図1　提示したジャガイモ

　ここで、ある子どもが、「重さを測ればいい」とつぶやくと、「だったらできそう」という反応が広がり、「1人ずつの重さを同じくらいにする」という案が出された。そこで、じゃがいもの紙を裏返し、12個それぞれの重さを示した（図２）。すると多くの子は、じゃがいもを重い順に並べ重さの合計を計算しながら、組み合わせ方を考え始めた。しかし、一人一人のじゃがいもの重さの合計はなかなか揃わない。

　このとき、ある子ども「１人５００ｇじゃん！」と声を上げ、「じゃがいもの重さを全部足して、それを４で割って１人あたりの平均を求めようしました」と説明した。全員に合計を求めることを促すと、ちょうど２０００ｇであった。子どもたちは、「ホントだ、一人５００ｇぴったりだ」と反応し、合わせて５００ｇになる組み合わせを４人分作ればいいことが見えてきた。子どもたちは、「平均でできそう」と、また息を吹き返したのである。

　ところがしばらくするとまた、「できない」という声があちこちから聞こえてくる。なぜかを問うと、「４人分全部、５００ぴったりなんてできない」という反応があった。そこで「４人全員はできないんだね」と問うと、「できるのもある」という声が聞こえ、まずはできた組み合わせを確認することにした。最初にある子が「１８０・４と１９９・３と

120.3	g
219.2	g
213.5	g
185.2	g
199.3	g
114.4	g
280.8	g
96.4	g
180.4	g
172.1	g
108.6	g
185.2	g

図２　ジャガイモの重さ

120・3」と一つ例示すると、「先生！　全部できました」という子がいた。「え？」、「嘘だ」という反応の中、その子は「2人目は、219・2と280・8」と発言した。「もう1個は？」という質問に、「2個でいいの」と言う。確かにその2個で500gぴったりになっている。その子が、「重さが平等だから個数は違ってもいいじゃん」と言うと、「そっか、個数をそろえなければできるかも」と、子どもたちはまた復活した。そして、3人目を213・5と172・1と114・4で500gにすると、4人目は残りの4個で500gになることを見いだしたのである（図3）。

本実践で引き出された、数値化や平均、個数よりも重さに重みをつけるアイデアは、「できない」を乗り越えるために見いだした工夫である。授業の中で、「できない」と「できそう」を行き来し、少しずつ乗り越えていく経験を重ねることは、思考を停止せず、何が問題かを明らかにしながら、考えを修正しながら学び続ける子どもを育てていくのである。

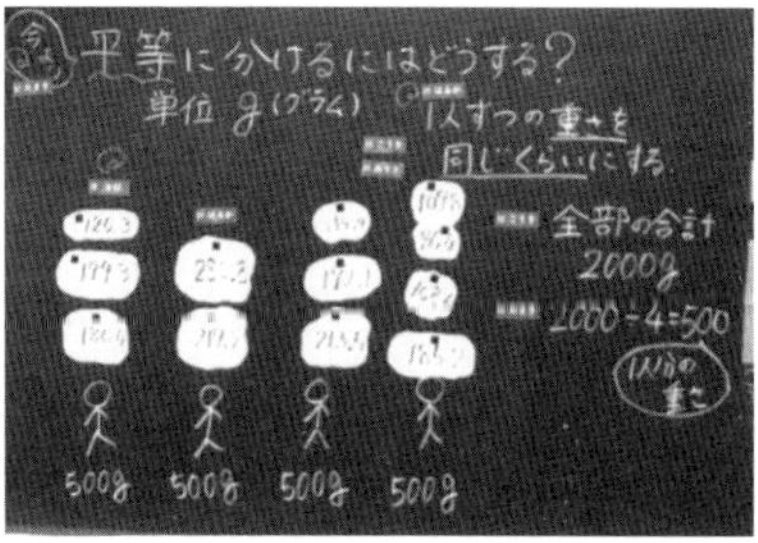

図3　平等に分けるにはどうするか

●●●

生涯学習

大人になって、職に就き、家庭を築くことができても、それらがゴールということではない。生涯学習とは、「学びたい」という、人々の主体的な姿勢がもとになるもので、生きがいのある人生を築いていくことにつながる考え方である。その生涯学習の理念に基づくと、将来、生きがいを見いだすことができるように、今、何を求められているのかを判断しながら困難に対応し、目的に向けて行動できる力を子どもたちに育てていくことが大切になる。では、困難に立ち向かい、主体的に解決していく力を、算数の授業でどのように育てていけばよいのであろうか。

四年生の子どもたちと「変わり方調べ」の授業を行ったときのことである。題材は、どの教科書にも載っている階段の形のまわりの長さを求める問題である。自力解決を終え、最初にある子が、「4×10」と発言すると、その式の意味を別の子が、「1段のとき4㎝だから、10段だったらそれが10個あるから40㎝」と説明した。「それを図にできる」という子が、「床と壁を移動して正方形にする」と発言した。どういうことかを話し合っていると、ある子が「式は10×4＝40だと思います」と発言した。黒板上で階段の形を正方形に変形させると、また別の子が手を挙げ、「正方形は同じ長さの辺が4本あるから、10段のときの式は10×4になります」と説明した（図4）。

この時、最初に「4×10」と発言をした子どもは頭を抱え、「間違えた～！」と叫んだ。すると、「え？ 4×10でもできるよ」、「そうそう表にすれば分かります」という声があがった。そこで、ノートに表を描いて確認することを促すと、既に表を描いていた子たちも、「表じゃなくてもできるかも」と鉛筆が動き出した。

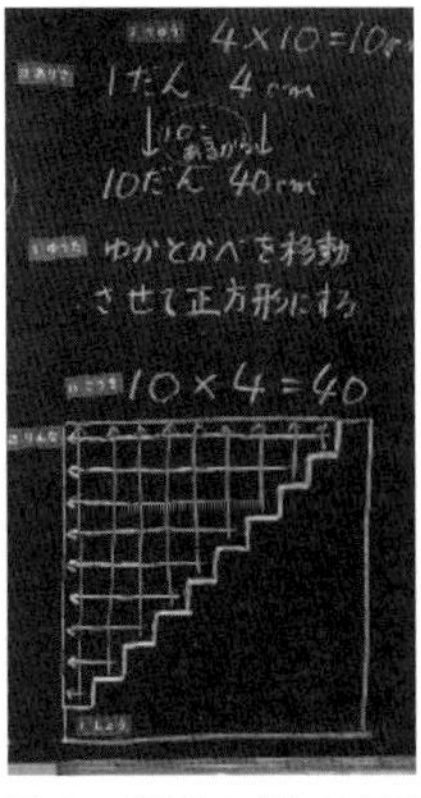

図4　階段の形の変形

黒板にも表を描き、段数が「＋1」されると、周りの長さが「＋4」されていくという子どもの説明に合わせて、10段目までの表の上下に横向きの矢印を9個ずつかき込んだ（図5）。ここで、「ん？ 4×9じゃん」ととぼけると、「最初の4を忘れてる！」と騒ぎ出した。「1段の前に0段で0cmがあるって考えたら、＋4が10個だから4×10になる」と説明した子もいた。この「0段」があるという見方に「あ～！」と声が上がった。ここで、4×10という式を間違えたと思っていた子に「どう？」と聞いてみるとにっこり笑って、「オッケー！」と頷いた。

この後も話し合いが続き、問題を解決していく中で、どこに着目し、どのように考えたのかが全く違っていたことが分かった子どもたちはとても楽しそうであった。そして、それらを説明し合う中で、図や表を用いることのよさを実感していったのである。

乗法は、被乗数と乗数を反対にしても積は変わらない。しかし、２つの式からはそれぞれ異なる解決方法が見えてくる。最初に「４×10」と発言した子は、段数が10倍になると、周りの長さも10倍になるという関係がみえていた。しかし、「10×４」の説明を聞いて自分は「間違えた」と感じてしまった。そんな時に、「それでもできるよ」と背中を押してくれた仲間の存在によって、彼は自分の見方に再び自信をもち、表に整理してきまりを見付けた友達の説得力を実感できたのである。このように、違いを認識しつつ、認め合う学

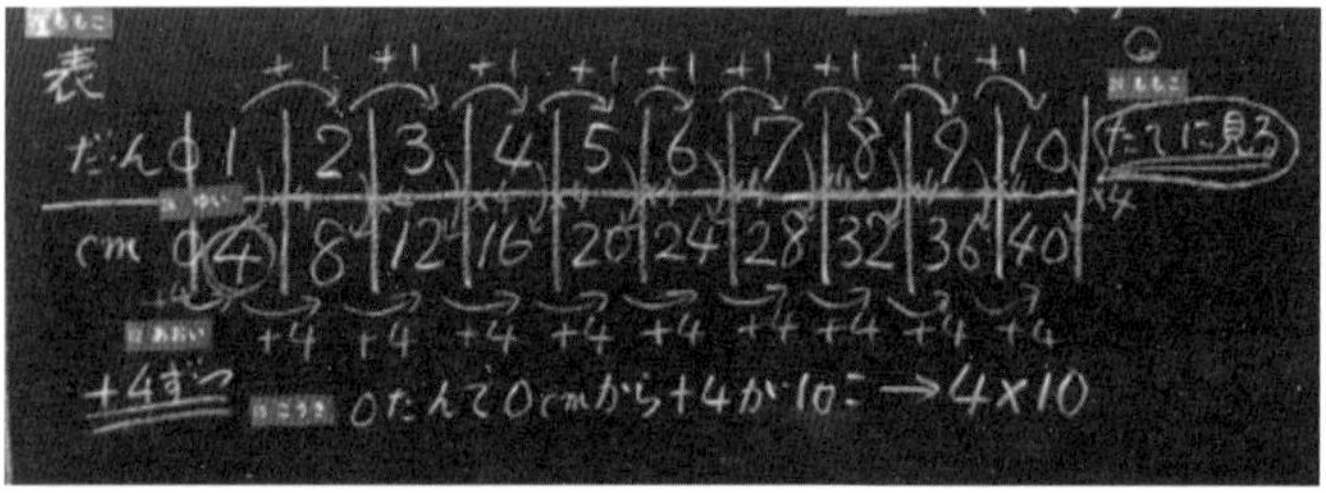

図５　表に矢印を書き加えた図

級集団の中で学びを積み重ねることによって、子どもたちのセンサーはより敏感になり、困難や多様性に対応する力を身に付けていくのである。

●●● 学びを深化・追求する家庭学習

授業に価値があると考えた子どもは、学んだことの延長にあることをさらに考えたくなる。それらは、その学年で学習する範疇を超えることもあるが、子どもたちを自立した学び手に育てるには、そういった探究心を大切にすべきである。

前述の、階段の「段数」と「周りの長さ」との関係について考えた授業の導入場面では、段数に伴って変化するものを自由に表出させている（図6）。その結果、その日の放課後、「段数」に伴って増える「単位正方形の数」に興味をもった子たちが、その関係について考えたことをノートにまとめ、その写真をタブレット端末から送ってきたのである（図7）。

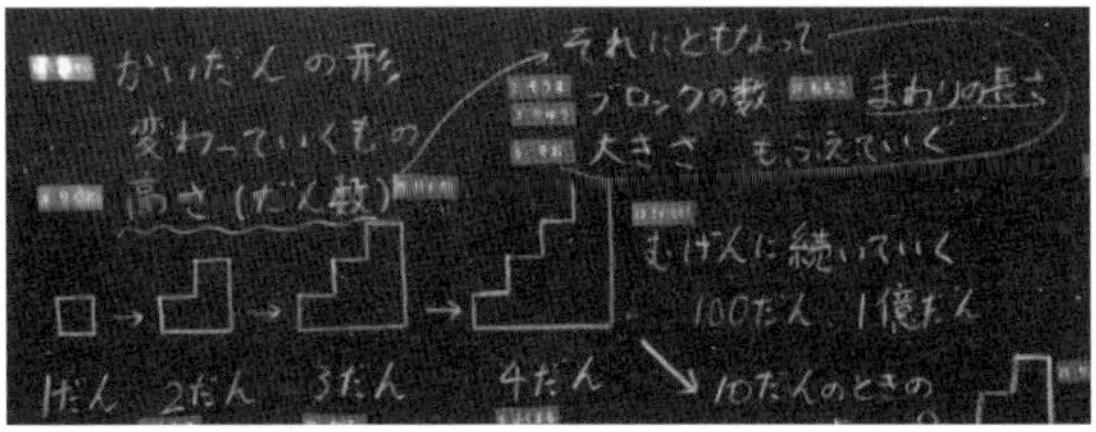

図6　階段の形の変形

ある子のノートには、10段の場合の階段の図が描かれ、段の部分を切って、それが2つで単位正方形1個分になることと、大きな直角二等辺三角形の部分は、単位正方形が縦横に段数分並んだ正方形の半分となることが説明されていた（図7右上）。また、別の子のノートには表が描かれ、矢印で変化のきまりを追い、前の段の個数に足されていく数が、1ずつ増えていくことを発見していた（図7下）。この子たちの、「これもみんなで考えたい」という思いをクラスに伝えると、みんなが「面白そう」と賛同した。こうして、個々が取り組んでいた家庭学習から、

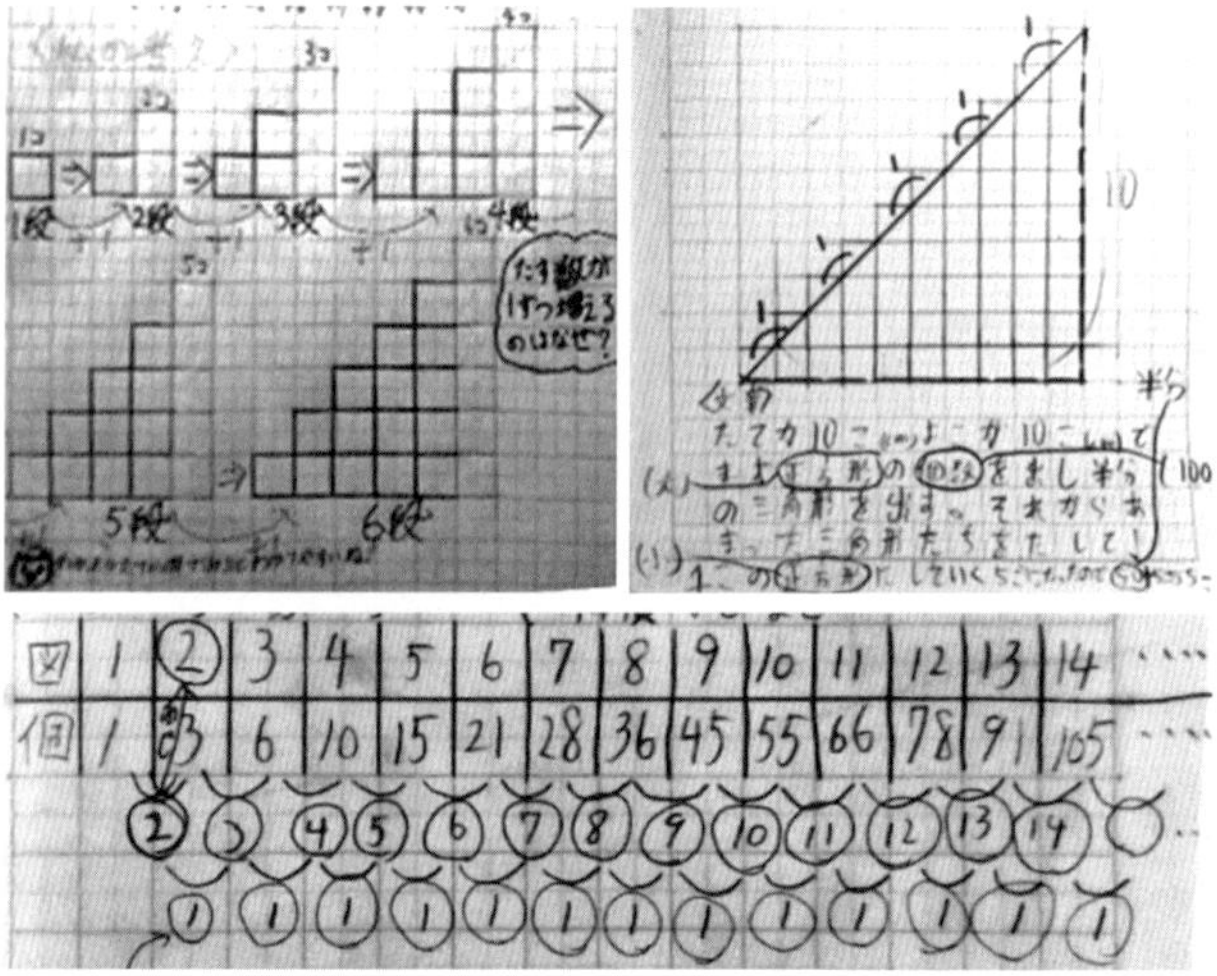

図7　子どもたちのノート

「正方形の数」の変化について考える授業を行うことになった。
子どもたちは表に表しながら横の変化に着目し、なぜたす数が1ずつ増えていくのかを考えていった。そして、具体の図に戻って、段数が増えることによって、どの部分がどのように増えているのかを説明する姿が引き出された。また、10段のときの図の意味に納得した子たちは、そこから何段のときでも使える式を考え、「(段数×段数+段数)÷2」という式にたどり着いた過程を発言した子もいた(図8)。

家庭学習は基本的に個別に行うものである。そのため、習熟を図るドリル的な学習とイメージされがちである。しかし、今は子どもたちそれぞれがタブレット端末を持っているため、家庭学習でも柔軟に協働化を図ることができる。そのメリットを上手に活用することで、教室の授業と家庭学習を連続性のある探究活動として充実させることができるのである。

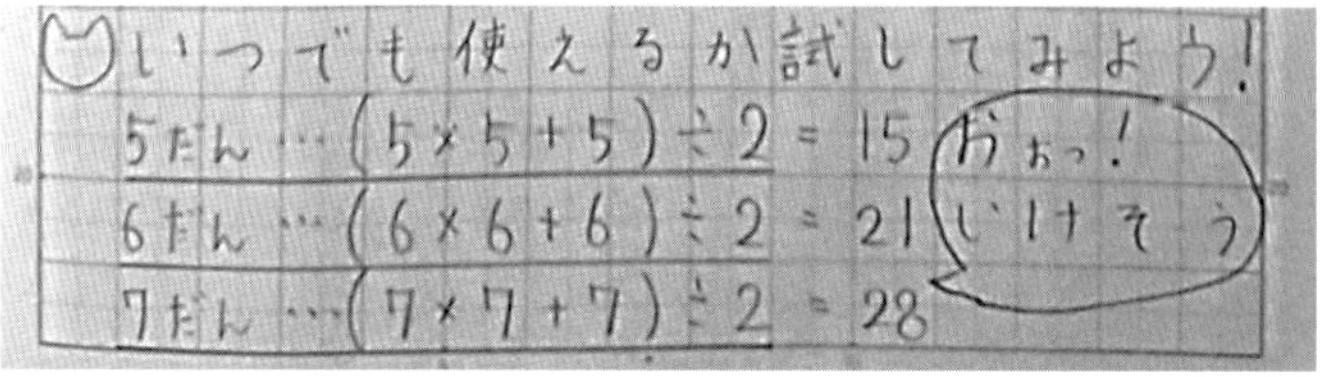

図8　子どものノート

●●● ノートづくり

ノートに表現されたものは、その子が自立して学んだ足跡といえる。ただ板書を写しているだけの子や、「先生、それノートにかきますか?」という質問をする子は、先生に言われるままにノートを書いてきたのであろう。たとえまとめ方がきれいであっても、そこには自立心が感じられない。前項の事例で紹介したように、子どもたちのノートには、自分自身の思考過程がしっかりと表現されるべきであり、それができて初めて、自分の意思をもって他者との対話に参加できるのである。では、ノートづくりを通して子どもたちの自立を促し、学びを深化させていくにはどうしたらよいのであろうか?

最初のうちは、自力解決の手が止まっている子がいたら、「何に困っているの?」と声をかけてみる程度でよい。「答えは分かったけど何をかけばいいかわからない」という場合、「じゃあ、まずわかった答えを書いてみよう」と伝える。答えが書けたら、「これってどうやって出てきたの?」と問う。その子が式を答えたら、「言えたね。それも書いておこうか」と促す。考えを記述することが苦手な子には、スモールステップで言語化を促していくのである。もちろん答えを見いだすことができずに止まっている場合もある。そんなときは、「お絵かきしてみようか」、「とりあえず図にしてみようか」と、問題場面を整理することを促す。そして、その絵や図から見つけたことをかいていけば良いことを伝える。この繰り返しが、分かったことやできることをかき、それらが導き出された過程を補足していけば良いことを身に付けていくのである。最初に何を見いだすか、それが何によるものなのかは子どもによって異なる。それらを認め、解決過程の整理を促すことが自立した学習者を育てることにつながるのである。

さらに、友達の考えに触れて納得したことや反論をもとに、発展的・統合的に考えたことをノートに残せると良いのだが、それは少しハードルが高い。これもはじめのうちは、自分の解決方法と似ているところや違うところを見いだし、記述しておくことを促す程度で良い。自分の方法や考えが仲間と似ていることへの気づきを自信へ、自分と異なる方法に触れることで引き出しを増やす態度へとつなげていくのである。それらは、やがて優れた見方・考え方を学級文化として持続可能にしていくことにもつながっていくのである。

子どもが自分の言葉で書いたまとめや学習感想に目を通すのはもちろんであるが、その子の解決過程や、思考の変容を丁寧にみとり、それらがたとえ不十分であっても、見方や考え方のよさを肯定的なコメントで伝えてあげるとよい。また、表現力を高めていくことも視野に入れ、自力解決時と同様に何を補足すればより良い説明となるのかを伝えていくことも忘れないようにしたい。自立への小さな芽を見つけ、開花するまで毎時間、励まして育んでいくことが大切である。

今後、タブレット端末を用いて学習の記録を残していくようになると、紙のノートは使われなくなっていくのかもしれない。また、板書も電子黒板を利用した新しいスタイルに変わっていくのかもしれない。教師が提示した情報をすぐに全員が共有できるようになった時、ただ写すことしかしてこなかった子どもたちに何ができるのであろうか。繰り返すが、大切なのは子どもたちを自立した学び手に育てていくことである。授業ツールが変わりつつある今だからこそ、与えられた情報を写すよりも、自分の思考過程や仲間との協働過程を残しておくことに本当の価値があることを強調したい。

●●● 活用場面を見出す

授業設計の際に、図9のようなことをよく考える。黒い部分は教師の支えであり、白い部分は子ども主体の活動である。左端は完全な教師主導、右端は完全に自立して学んでいる状態を表している。我々教師は日々、個や集団に応じてこの図を縦に切り、白黒の割合がどのくらいかを判断しながら授業をしているといえる。先に述べたノート指導でいえば、大切なポイントを教師が黒板にまとめ、それをノートに写させるのは左側であり、子ども自身が学びを整理しながらノートに残していくのが右側である。子どもたちはいずれ自立しなければならない。だからこそ、算数が苦手な子も、数学的な見方・考え方を豊かに働かせながら、思考力や表現力を高めて欲しい。

　台形の面積の求め方を考える授業でのことである。多くの子どもたちは、対角線を引いて、２つの三角形に分割する方法を考えた（図10）。また、右側に大きくスペースがある提示の仕方によって、高さが半分のところで底辺に平行な直線で切り、上部を右側に移動させることによって平行四辺形にしたり、合同な台形を２つ組み合わせて平行四辺形にしたりといった方法が引き出された（図11）。

　そんな中、台形の左右の辺を上方向に延長して、三角形にした子がいた（図12上）。マス目がないところに突き出すこのアイデアには賛否が分かれたのだが、大きな三角形の面積

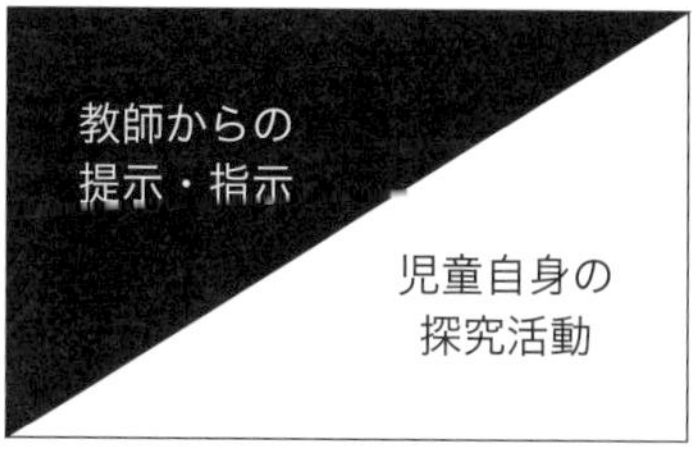

図９　授業設計の視点

から、小さな三角形の面積を引くことによって、台形の面積を求める方法は理解された。そしてさらに、2つの三角形の底辺の間に、高さが等分されるように平行な直線を引き、台形の部分を、上に作った小さな三角形と合同な三角形8つに分割したのである（図12下）。これによって、台形の面積は小さな三角形の8倍であることや、大きな三角形の8／9であることを見いだしたのである。これらのアイデアを、台形の求積公式に結びつけることはやや難しい。しかし、平行線の性質や、合同な図形、さらには、割合の見方をも既習事項として活用し、求積方法を柔軟に導き出す姿勢は、自立した学び手として評価さ

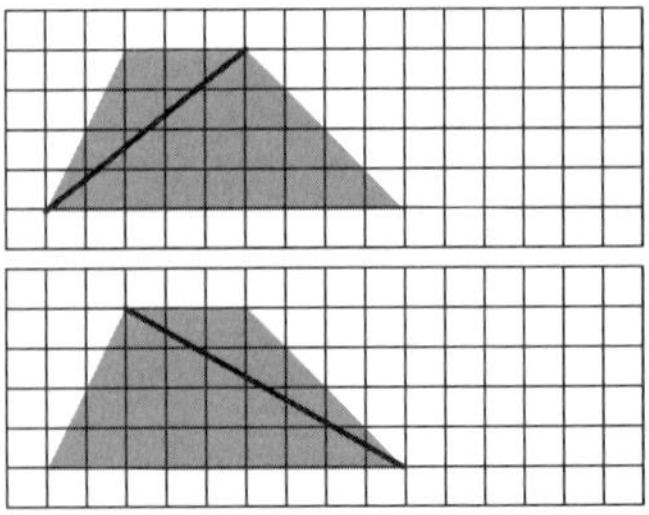
図10　対角線を引く方法

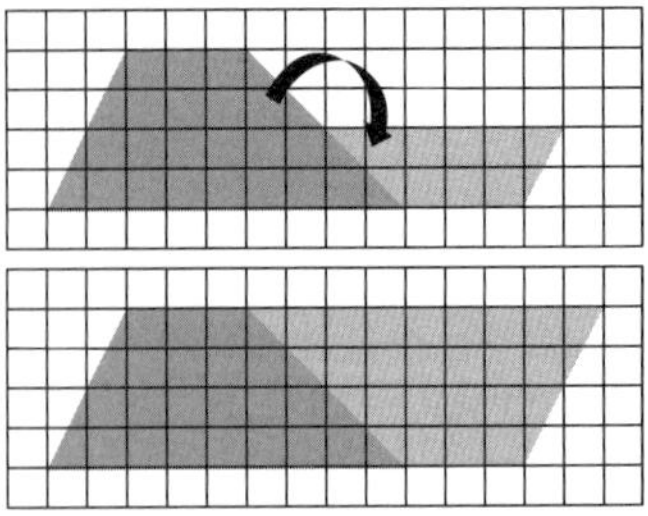
図11　平行四辺形にする方法

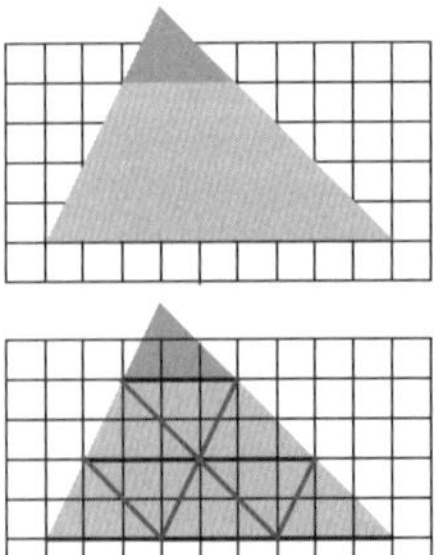
図12　三辺形にする方法

れるべきではないだろうか。

　算数の学習において既習事項の活用は重要である。ただ、これまでその既習事項は、知識や技能として定着した内容知を活用することとして語られていたのではないだろうか。それに対して、「見方・考え方を働かせる」とは、児童自身が「こういう見方をしたら前と同じようにできそう」、「前に考えたこういう方法が今回も使えそうだ」と、既習や経験を方法知として再現させることで、問題解決に導いていくことである。

　授業で仲間との協働を通して学ぶことや、そのために我々教師が様々な手立てを講じることは大切である。しかし、その授業で我々は子どもたちの自立をどの程度想定しているだろうか？　子どもたちはいずれ自立しなければならない。だからこそ、どの子も、数学的な見方・考え方を豊かに働かせながら、思考力や表現力を高めて欲しい。そう考えると、協働的な学びは、互いを支え、助け合うだけではなく、個の自立を促すという目的をもって作り上げていくものであるべきではないだろうか。その意識が、学び続ける人間を育成することに繋がるのである。

［青山尚司］

Chapter

4

「自立した学び手」が育つ算数授業

自立した学び手が育つ「数と計算」（低学年）

子どもの問いを生かし、自立した子へ育てるために

どんな時に、子どもの問いが生まれるのか。

課題解決の中で、友達の考えとずれたり、「他にもあるかな」「数字を変えてもできるかな」「解き方はこれだけかな」「もう他にはないかな」など疑問を持ったりする時に、子どもの問いが生まれる。この問いは子ども自身の問いであり、本質的な問いである。この時の子どもの姿は、主体的に課題解決に取り組み、結論が出るまであきらめず解決する。

教師は、これら子どもの問いが生まれる瞬間を見逃さず、時間を確保し、「解決できた」「分かった」という成功体験を子どもに味合わさせたい。この体験の積み重ねが、子どもが自立へと近づくことになるのである。

子どもの自立した姿を引き出すための授業展開の工夫

・漠然とした問いかけではなく、具体的な問いかけをする

「九九表から気づいたことはない？」という教師の漠然とした問いかけは、子どもにとって何を答えたらよいか分からず困ってしまう。そこで教師は、方向性が見える具体的な問いかけをする必要がある。例えば、「九九表に出てくる数字は？」のような具体的な発問は分かりやすいと言える。

・子どもの自立を促す言葉かけをする

子どもが九九表を記入している時、同じ数字があることに気づき、「同じ数字があるよ」とつぶやいている子がいるとする。そんな時は、「どこに同じ数字があるの」と子どもが次に言いたくなるような言葉かけをする。

さらに、「同じ数字が2つあるものは、15だけだよね」「同じ数字は、15しかないよね」など、子どもが続きを調べたい、追求したいと思う言葉かけをするとよい。なぜなら、子どもの自立を後押しする言葉かけだからである。

●●● 実際の授業「九九表から子どもの気づきを引き出す」

(1) 九九表に数字を書き込ませる

九九表を黒板に提示する。「これから、九九表に数字を書き込んでもらいます」と児童に伝える。かけられる数、かける数を表に書きこみ、一の段をみんなで埋めて、九九表の書き込み方と九九表の意味を子どもに説明した。九九表の意味を理解した子どもたちは、「他の場所もできる」とつぶやいている子が多かったので、表に書き込む時間を取った。その際、「九九表に出てくる数字について聞くよ」と児童に伝えた。暫くすると、「全部、うまった」「できた」という子どもたちの声が聞こえてきたので、二の段から九の段まで正確に数字が書き込めているか確認の時間を取った。

かける数

かけられる数	1	2	3	4	5	6	7	8	9
1	1	2	3	4	5	6	7	8	9
2	2	4	6	8	10	12	14	16	18
3	3	6	9	12	15	18	21	24	27
4	4	8	12	16	20	24	28	32	36
5	5	10	15	20	25	30	35	40	45
6	6	12	18	24	30	36	42	48	54
7	7	14	21	28	35	42	49	56	63
8	8	16	24	32	40	48	56	64	72
9	9	18	27	36	45	54	63	72	81

図1　九九表

（2） 九九表にはどんな数字が出てくるか

数字が書き込まれた九九表（図1）を提示し、「九九表が埋まったね。だったら数字を言ったら、数字の場所が分かるかな。では、15はどこにある？」と子どもに問いかけた。すると、「15だけでは分からないよ」「どこの15なのか分からない」という答えが子どもから返ってきた。「なぜ、数字だけでは分からないの」と言うと、「同じ数字があるので、どちらの数字か分からない」と子どもから答えが返ってきた。そこで、「15はどこにあるの」と探すことを促す指示を出した。

（3） 自力解決①「15を探す」

子どもたちは、15の数字を探しながら、「ここにあった」「見つかった」とつぶやいていた。2分くらい自力解決の時間をとった後、全体で確認することにした。「どこの場所に15はあったかな」と問うと、「3×5の場所にあるよ」と答えた。別の子が「まだあるよ」と手を挙げているので指名すると、「5×3の場所にも15があるよ」と答えた。「他に15はないのかな？」と子どもに問うと「2つだけだよ」と答えが返ってきた。

（4）自力解決②「2つ出てくる数字を探す」（子どもの自立の現れ①）

15について調べた子どもたちの中で、「他にも、数字が2つ出てくるものがあるよ」「何個かありそう」と言う子がいたので、「だったら、調べてみる？」と子どもたちに声かけをし、自力解決の時間をとった。「あったよ」「まだあるかも」とつぶやきながら数字を探していた。

自力解決後、全体で確認の時間を取った。「2つの数字が出てくるものはいくつあったかな」と問いかけると、ある子は「10個」「12個」などいろいろな意見が出てきた。「では、いくつあるのか確認しよう」と子どもたちに話をし、全体で確認した。

〈子どもたちが見つけたもの〉

○2つの数字が出てくるものは20個

（2、3、5、7、10、14、15、21、27、28、30、32、35、40、45、48、54、56、63、72）

（5）自力解決③「他に複数の数字が出てくるものはあるのか」（子どもの自立の現れ②）

数字が2つ出てくるものについて確認が終わると、「3つ出てくる数字はあるのかな」

「4つもありそう」とつぶやいている子がいたので、各自が調べてみたいものを決めて調べることにした。その後、調べた数字について子どもに聞いてみた。

〈子どもたちの気づき〉

○1つも出てこない数字がある
○1つしか出てこない数字がある（斜めにある）
○3つ出てくる数字がある
○4つ出てくる数字がある

本時は、子どもたちが自力解決の中で、「1つも出てこない数字、1つ出てくる数字、3つ出てくる数字、4つ出てくる数字がありそうだ」という発見の段階で時間になった。次の時間は、それぞれの数字について確かめることを予告して授業を終えた。

［尾崎伸宏］

自立した学び手が育つ「数と計算」（中学年）

子どもが受け身となりがちな場をなんとかしたい

「自立した学習者」といった言葉が注目を集めるようになったのは、新型コロナウイルス感染症による学校の臨時休業で、子どもたちが学校や教師からの発信がないと何をしたらよいかわからず、学びが止まってしまった事例が多く報道されたことが発端であったと記憶している。俗に言う「指示待ちの子」をこれまでの教育で生み出してきてしまったわけである。

しかしながら、特に小学校段階の子どもたちに対しては、教師の介入は不可欠であり、教師側から指示したり教えたりすることは多いのも事実である。用語や単位などはもちろんのこと、筆算形式も子どもが自ら考えるものではない。そこで考えたいのが、「子どもが受け身になる場を、いかに受け身でない状況にするか」ということになる。しかも、子どもが受け身となりがちな場面では、先行知識をもっている子どもがそれを披露する場に陥ってしまうことも多い。知っている子と知らない子が分断され、苦手意識のある子はより苦手意識を感じる場となってしまう。教師側が主導権をもって教えなければいけない場面で、子どもの先行知識の有無に左右されずに、全員参加で主体的に学習できるようにしていきたい。

●●● わり算の筆算を指導する前に

ここでは、４年生で初めてわり算の筆算を学ぶ場面について取り上げてみたい。筆算形式は子どもが考えつくものではないため、教師側から教えることになる。そのため児童にとってこの時間は受け身の立場になる。また同時に「筆算の仕方を知っているよ」と、先行知識をもっている子がいるのも想定できる場面である。

ただ、ここでの学習も筆算形式の教え込みだけをしている教師は少ないはずである。扱われるわり算の数値が大きくなったことを子どもに捉えさせ、「わり算も他の計算のように筆算でできないかな」と思わせるようなことはしているだろう。そうやって、子どもに本時の課題意識をもたせたうえで、それでも形式は教えるものなので、ここからは教師が主導権をもつといった流れにしているのではないだろうか。わり算の筆算はその他の計算の筆算とは形からして違っている。だからこそ教師からその筆算形式を教えなければならないわけであるが、次のように授業を構成してみた。

C「わり算も筆算でできたらいいのに」

C「わたし、わり算の筆算の仕方、知ってるよ」

T「そうだよね。筆算はたし算やかけ算でもやってきているからできるよね」

「知っている」と言った子どもは、先行知識としてわり算の形式を知っていたのだろうが、教師の方であえてその「知っている」をたし算やかけ算をもとにするという意味に変換し、その形式で板書した（図1）。

C「え、そうじゃないよ、先生」

T「今までもこう書いていたじゃない。位をそろえて書くのが大切なポイントでしたね。その他にこれまでの筆算にはルールがありましたか」

C「一の位から計算してました」

T「ではその手順でできるか試してみましょう」

実際に、計算をさせてみる。

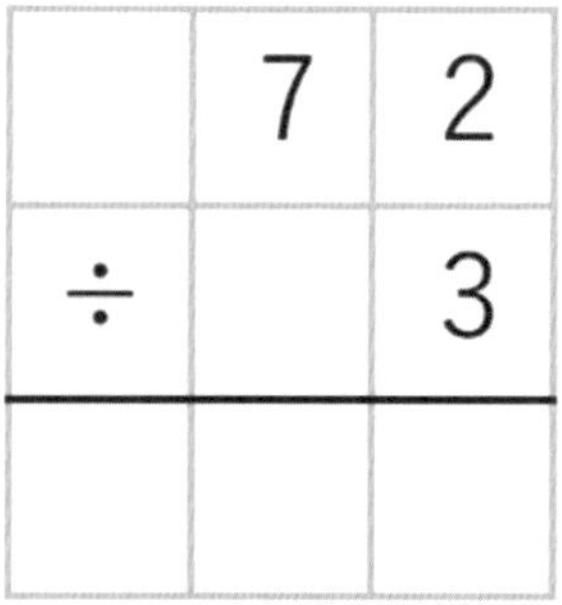

図1　わり算の形式

① 一の位の「2÷3」はできないから十の位から1繰り下げる

② 一の位は12÷3になって、4

③ 十の位は6になって、6÷3＝2

できた。なるほど、と納得している子どももいるが、先行知識をもっている子は反論する。

C「先生、そんなのおかしいよ」

C「わり算はそういうふうに筆算しないんだよ」

T「どうして？　こうやって普通にできたじゃない」

わり算の筆算形式を知っている子ほど混乱する。そして考え出す。

C「これは、72÷3のときにしか使えないんだよ」

C「たとえば、78÷3にしてみたら……。実際の答えは26のはずだけど……」

78÷3に数値を変えて、もう一度筆算してみる。

今度はできない（図2）。割り切れる計算であるはずなのに、一の位の計算に余りも出る。

図2　78÷3の筆算

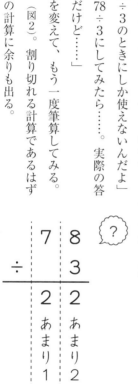

C「さっき、26の答えを出したときに10の束から先にやったでしょ。わり算ってこれまでと違うってことじゃないの？」

78÷3の筆算を試す前に、十円玉と一円玉を絵に書いて、実際の答えを確かめたときのことを話題にした子どもが出てきた（図3）。まず十の位を処理し、余った10と一の位の8を合わせた18を後で処理していた。この処理の方法は一の位から計算をする従来の筆算形式とは合っていないことがわかってきた瞬間であった。

C「これまでは、位ごとに分けて計算するときに、繰り上がりとか繰り下がりがあるかがわかるように一の位から計算したけど、わり算はそうじゃないです」

C「一の位が割れないから繰り下げるんじゃなくて、十の位を割って余った分が繰り下がっていくというような……」

ここまでの話し合いを行ったのち、わり算の筆算形式を教科書で確かめながら指導を行った。初めて学ぶ子も先行知識をもっている子も「だからこれまでと違う形でやるんだね」と理解している様子であった。

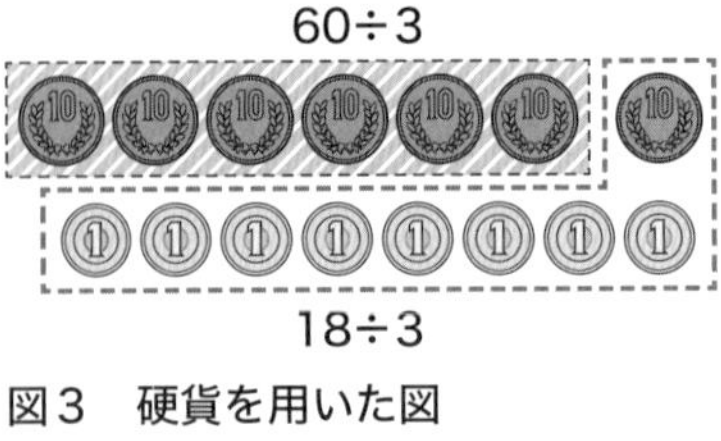

図3　硬貨を用いた図

本時は、先行知識をもった児童を生かした展開としていたが、必ずしもどの学級もそういった知識があるとは限らない。その場合は、そのまま これまで同様の筆算でよさそうとまとめてしまえばよい。練習問題に進めば立ち行かなるので、最終的には同じ状況が生まれることになっていくだろう。

●●● 学んだことを調べ、確かめる子に

中学校で二次方程式を解決する際に「解の公式」を学ぶ。この公式に a～c の数値を当てはめれば、x が求められるので便利である（図4）。しかし、公式そのものが複雑で間違いやすいし、公式を忘れようものなら、解にたどり着けなくなってしまう。わたしも実際その人間であった。数学が得意な友達に聞くと、「覚えるからだめなんだ。あの解の公式は自分で作れるよ」と言っていたことを思い出す。

自立した学び手は、教師から教わった公式や解き方をただ覚えるのではなく、なぜそうなのかを自分で確かめたり調べたり

$$ax^2+bx+c=0 \quad (a \neq 0)$$

の解は

$$x=\frac{-b\pm\sqrt{b^2-4ac}}{2a}$$

図4　二次方程式の解の公式

するのだろう。だから本当の意味で自分の力となり、それが自立へとつながっていく。

本時のわり算の筆算も同様である。筆算形式は教師が教えなくてはいけないものである。でも、なぜそのような仕組みになっているのか考えることで、子どもの学びの主体性を生み、それが自立した学びにつながっていく。

教師が〝指示〟を出すことで「指示待ちの子」にするのではなく、その指示の根底にあるものを考えるようにしていく子どもに育てていきたいと思っている。

［平川　賢］

自立した学び手が育つ「数と計算」（高学年）

自立した学び手を育てるために、問題場面に立ち返り、計算結果の意味を考える場を作る

文章問題で数値が複数出たときに、問題場面や問われていることを考えず、ただ数字をかけ算やわり算に当てはめてしまう姿が見られる。問題場面に主体的に関わっている姿や、深く思考する姿は見られない。

自立した学び手を育てるためには、問題場面に主体的に関わる場面や、多様な考えに触れていくような場面を教師が意図的にしかけていくことが必要である。本実践では、小数のわり算において、問題文の中に比較する文脈を入れた。そうすることで、解決の方法として、ただ機械的にわり算をするのではなく、問われていることを立ち止まって考えたり、解決の方法は他にもあることに気付いたりすることができるようにした。

小数のわり算における文章問題は一般的に、「1.2mの代金が２４０円のリボンがありま

す。このリボン1mの代金はいくらですか？」と「1あたり」を求めるものである。このような問題に対して、子どもたちは「わり算の学習をしているのだから、わり算をすればいい」と、機械的にわり算をする様子もよく見られる。そうではなく、「問題解決に必要な条件は？」「この場面を算数の力を使って解決できる問題にするためには？」と思考し、何のためにわり算をしているのかを考え、問題解決に向かう姿を引き出していきたい。

そのために、子どもたちに「あれ？」と思わせたり「どうすれば解決することができるのだろう？」と問題場面に立ち返って考えさせたりする場を作っていく。

問題提示　比較する文脈から問題場面の解釈

小数のわり算の問題場面である。そこで、次のように問題を提示した（図1）。

結果的には、1.2mと0.8mについて、1mの代金を求めて比較していく。というのがこの単元の中で一般的に子どもたちが解決していく方向である。しかし、解決の方法は他にも考えられる。ただわり算の計算を行うのではなく、「そろえて比べる」という目的のために計算をするのだということや、計算せずとも問題場面に立ち返れば解決できるということを実感させたいと考えた。

まず、子どもたちは「先生『細いのはどっち？』ってどういうこと？」と場面を理解することに思考を向けた。「先生、それは同じ材質ですか？」とリボンの質に関する質問が出てきた。「どうしてそんなことを聞くの？」と問うと、「いや、材質がちがったら比べられないけど、同じ材質だったら、値段と長さで比べることができそう。」と話した。質の異なるリボンであれば代金が異なるのは当然のことである。今回の問題場面において、比較するためには、条件がそろっていなければならない。そうした「リボンの質」など、条件について考えることは問題解決に向けて、自ら問題場面に立ち返ろうとする姿である。「問題を解決するためにはどんな条件をそろえていくのか？　どうすれば解決に向かうことができるのか？」という思考を働かせることこそ、自ら問

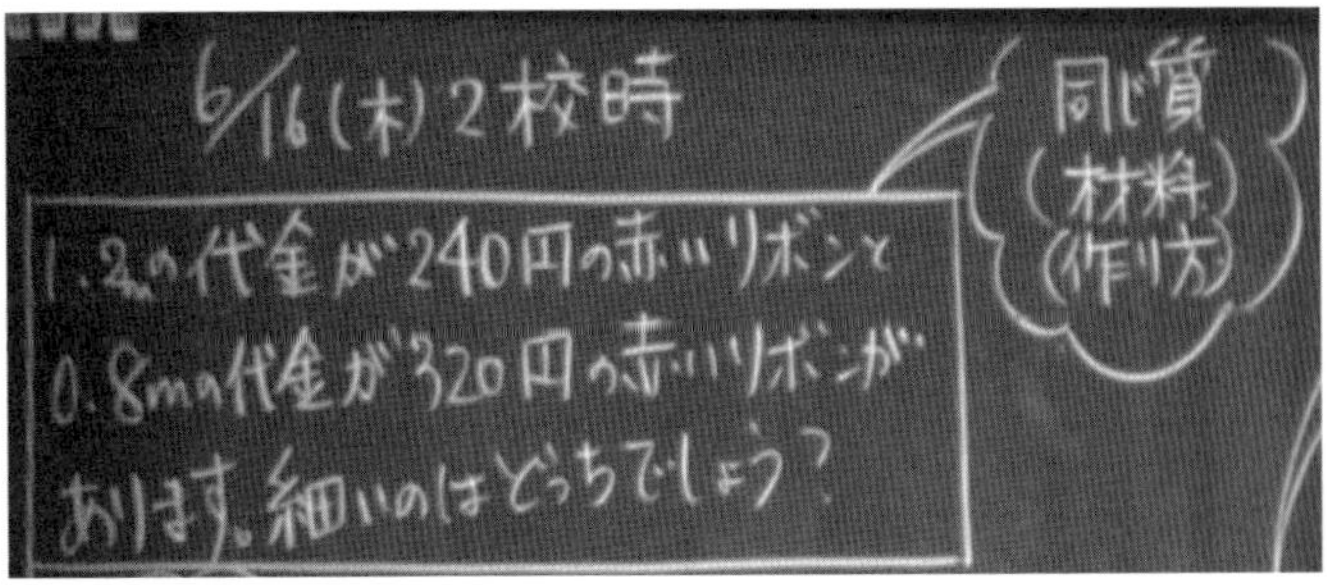

図１　提示した問題文

題解決していく、つまり自立した学習者の条件と言える。

●●●「おかしい……」から場面を理解　計算しなくても解決できる

自力解決に取り組んだところで、「おかしい……」とつぶやいている子がいた。「おかしいってどういうこと?」とその子の「『おかしい』と感じている感覚」についてみんなで考えていった。

「長くて代金が高い、短くて代金が安いならわかるけど、長いのに安い、短いのに高い」ということにこの「おかしい」の気持ちがあることが共有できた。つまり、計算せずとも、「短くて代金が高いということは、太さが太い」と「どちらが細い?」という問いに対しては解決することができるのである。下図（図2）のよう

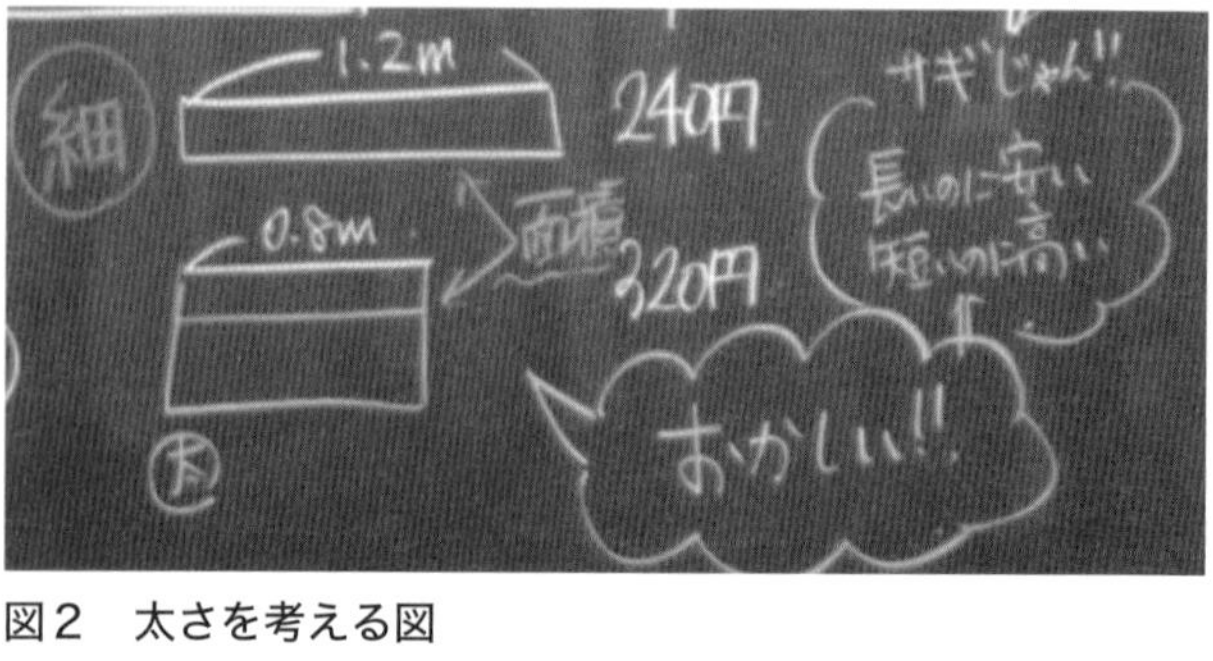

図2　太さを考える図

に最初は直線で長さと代金を図に表した後、この線に太さを加えて、そのおかしさと、どちらが太いかという自分の考えについて表現をしていた。

わり算でも解決することができる

どちらが細いかについて、一つの結論は出た。そこから、わり算で解決したKくんの式を提示した（図3）。「なぜわり算をしたのかが分からない」という子が多くいた。「1mあたりを求めるためにはわり算」ということを理解しているとはいえ、「何のために1mあたりを求めるのか？」ということは見えていない。しかし、「何のために？」を考えようとする姿が見えた。こうした姿を価値付け、積み重ねること必要である。ただ式を作り、計算をし、答えを出すのではなく、「何のために？」を考えて問題解決に向かうことが自立した学び手としての姿である。

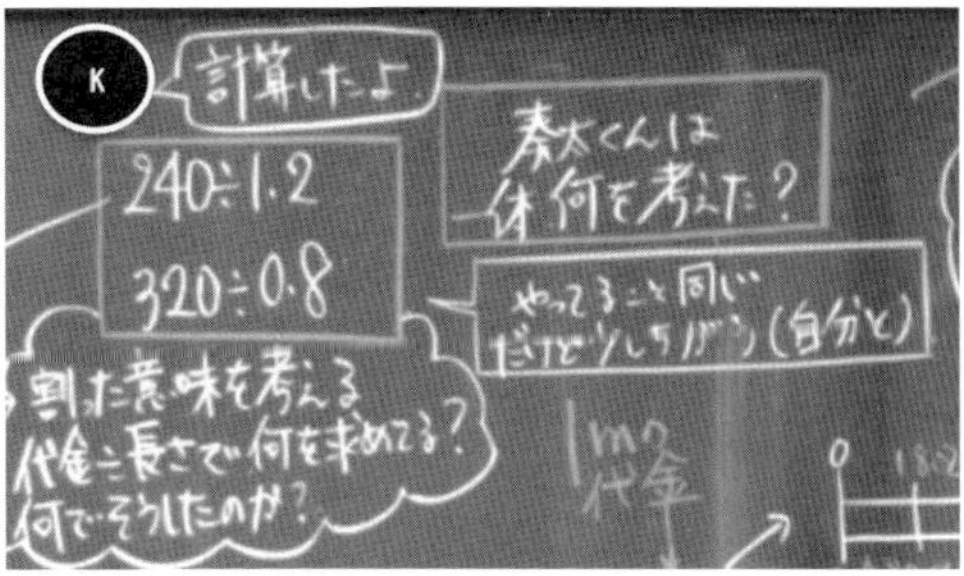

図3　わり算を用いたK君の考え

答えを出すことではなく、「わり算を何のためにしたのか?」ということが子どもたちの問いとなった。

ここで、個人でこのわり算の二つの式について考える時間を取った。「そろえて比べる」という見方に気付いた子は「なるほど!」と納得し、機械的にわり算をしている子は「それぞれの答えは分かるけど、どうして比べることができるのかが分からない」という状態だった。

「なるほど!」と話した子に、「どうしてなるほどと理解することができたの?」と納得するためのヒントを話してもらった。すると、「割った意味を考える」「代金÷長さで何を求めているのか?」というように、「問題場面に立ち返って考える」ということをヒントとして話していた。

ここで、商の意味を解釈し(図4)、「何のために?」「わり算の計算で導き出された商の意味」について考え

図4　わり算の商の解釈

ていった。「200と400は、1mあたりの代金であること」つまり、「同じ1mで比べたとき、代金が高いということは太く、代金が安いということは細いと考えられる」ということが共有できた。

問題場面に立ち返り、何のために計算しているのかを考える。一つの解決方法だけでなく、他の解決方法にも目を向け、その解釈に心を向ける。そうした積み重ねが、自立した学び手を育てる1つの方法ではないだろうか。

〔小泉　友〕

自立した学び手が育つ「図形」（低学年）

自立した学び手を育てるには

自立した子とは、自ら「問い」を生み出し、その「問い」を解決する方法を見いだすために、それまでに学び得た情報（知識・技能）を駆使して眼前の「問い」に働きかけ、解決の方法を見つけ出したり、発展的にさらなる「問い」を見つけたりする子と考える。そのような子を育てるためにはどのような学習経験の場に向き合わせることが大切なのか、どのような教材を子どもたちに提供することが大切なのかを考えてみた。

まず教材の面から考えると、「試行錯誤」できる教材であることが大切だということだ。Ｔｒｙ＆Ｅｒｒｏｒを繰り返していくことで、教材のもつ算数として子どもたちに伝えなければならないことや、学習者として「あきらめない心」や「愉しむ心」などを感じさせていくことができると考えている。しかし、闇雲に「試行錯誤」を繰り返していくだけでは子どもたちは学びから離れていくだろう。子どもたちが向き合う教材は、「試行錯誤」という活動を通して「算数の不思議さ」に気づかせたり、「きまりへの予感」を感じさせたりすることができるようなものであることが大切であると考える。さらにそのような教材を使った授業の中で、「成功体験」を感じさせられるような「授業展開」が大切になると考える。

では、「授業展開」では、どんな工夫が必要になるのだろうか。先に述べたように闇雲に「試行錯誤」させていては学びは成立しない。特に「試行錯誤」の学びをあまり体験したことがなく、成功体験を得ていない子たちにとってこの「試行錯誤」の時間は苦痛となるだろう。しかし、「試行錯誤」とともに、「成功体験」を積んできた子にとっては、宝物を発見する旅のごとく、愉しい学びの時間になると考える。この「成功体験」を味わわせるには、教師が子どもたちの学びをしっかりと把握することが重要になる。教材を提示したのはいいが、子どもたちの活動やつぶやきの価値を見極めることをしなければ意味はない。子どもたちの活動やつぶやきを見極める指導者としての「物差し」が必要になる。この「物差し」を作っていく作業が教材研究と教材づくりだ。子どもたちが行き詰まったとき違う発想で乗り越えようとしている状態や事象を統合的に考えようとする言葉、友達の声を聞いて、自分の考えを修正しようとしている様子などを看取り、その価値を判断して評価したり、全体にアナウンスしたりすることを通して、考えついた子の「成功体験」をうながしたり、他の子にも追体験させることを通して「成功体験」に導いたりすることができると考える。

「試行錯誤」と「成功体験」、この二つを多く体験させていくことで自立した学び手を育てていくことにつながると考える。

●●● 実際の授業から

三年生の学級に出向き、次のような問題を提示した。

> アルファベットに直線を■本引いて三角形を作ろう！

はじめ子どもたちは「なんのこっちゃ」という顔をしていたが、少しずつ分からないことを明らかにしようとし始めた。

「何本引くんですか」と子どもたち。私は「三本です」答えた。続けて「直線を書き加えるアルファベットを選んでもらいましょう」と言ってスクールプレゼンター（教材作成ソフト）の画面を提示した。「誰かやってくれる？」何人もの子が手を挙げた。一人の子を指名しスクールプレゼンターを操作してもらったところ図1のように「V」でルーレットは止まった。「V」だ。「V」が選ばれたので、子どもたちに「V」が印刷された紙を配布した。しかし、この状態になってもまだ直線をどのように引くのかが分かっていない子がいるようだった。そこで、全員のスタートをそろえるため、実際に私が直線を引いてみせることにした。

「じゃ、まず一本の直線を引いてみようか」と伝え、「V」に直線を描き込んだ。「Vに一本の直線を書いてみたけど、三角形は見えるかな？」「わかるよ」「あそこにある」と3つの直線で囲まれた部分を指し示した（図2）。「こんな風に直線を描いて三角形をたくさん作ってください」

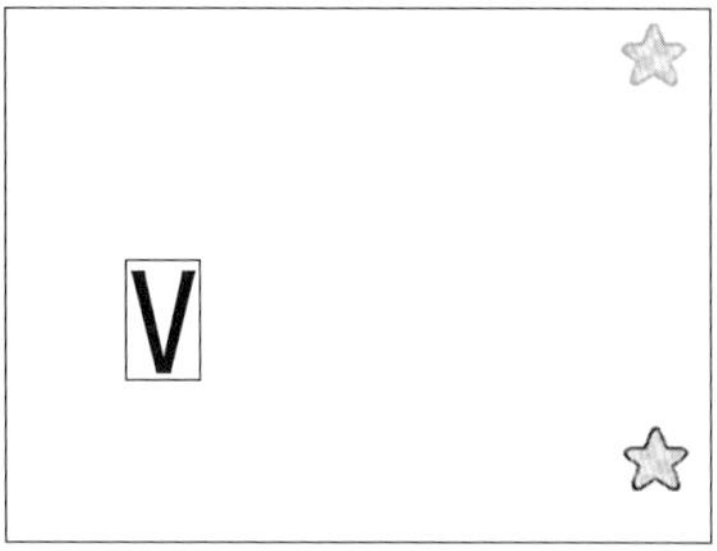

図1　提示画面
（仕掛けがあり「V」が選ばれるようになっていた）

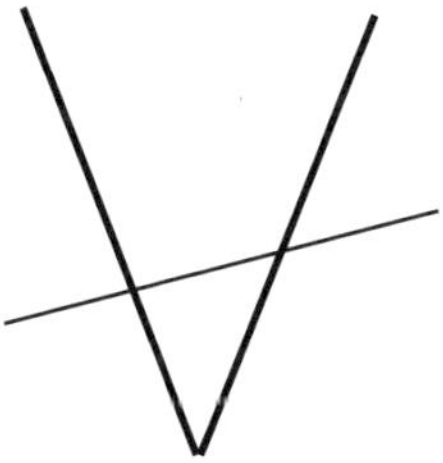

図2 「V」に直線をかき込んだ様子

早速子どもたちは、「三角形づくり」に取り組み始めた。

(1)　試行錯誤の場面

「V」に何度も線を描いたり、消したりしながら子どもたちは、できるだけ多くの三角形を作ろうと一生懸命だった。しかし、机間巡視をしているうちに、子どもたちの直線の引き方に問題点が……。アルファベットの内側にしか直線を引こうとしていないのだ（図3）。私は少し待つことにした。程なく、アルファベットの外側まで直線を伸ばし、アルファベットの外に三角形を作っている子が現れた。「ちょっとみんな見て。こんな風に直線を引いてみるんですよ」と伝えた。「ああ、そんな風に引いていいのか」と自分のしていることを修正しようとす

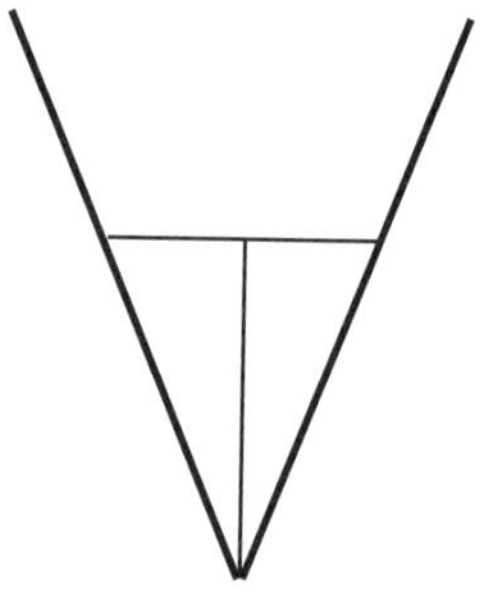

図3　「V」の内側に直線を引く様子

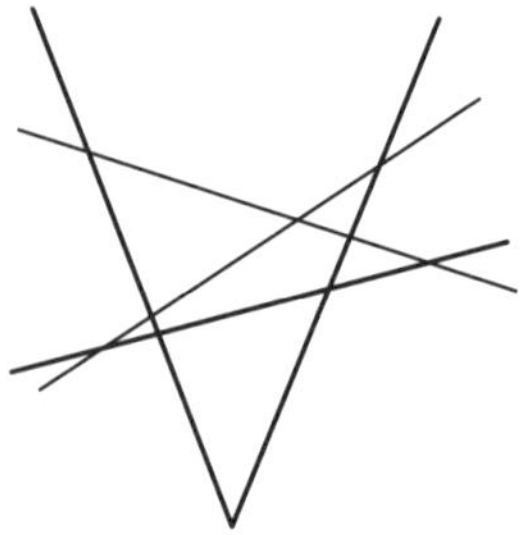

図4　５つの三角形

る声も聞こえてきた。さらに、子どもたちの闇雲な活動を焦点化するために次のようなことを投げかけた。「今までこの問題に取り組んだ人は、最大で5つの三角形を発見していたよ」子どもたちの活動がさらに活発になってきた（図4）。

(2) 成功体験と算数の不思議さを体感

そのときついに「5つできたかも」という声が聞こえてきた。その子のところに行ってみると、確かに三角形が5つできていた。そこで、「できた三角形の部分に色をつけてごらん」と声をかけた。そして、5つの三角形が塗られたその子の「作品」を「本当に三角形が5つできたのか確かめてみよう」と言ってみんなに見せた。すると間髪を入れず「星形だ」という声。私はとぼけて「どこが星形なの」と問い返す。声を上

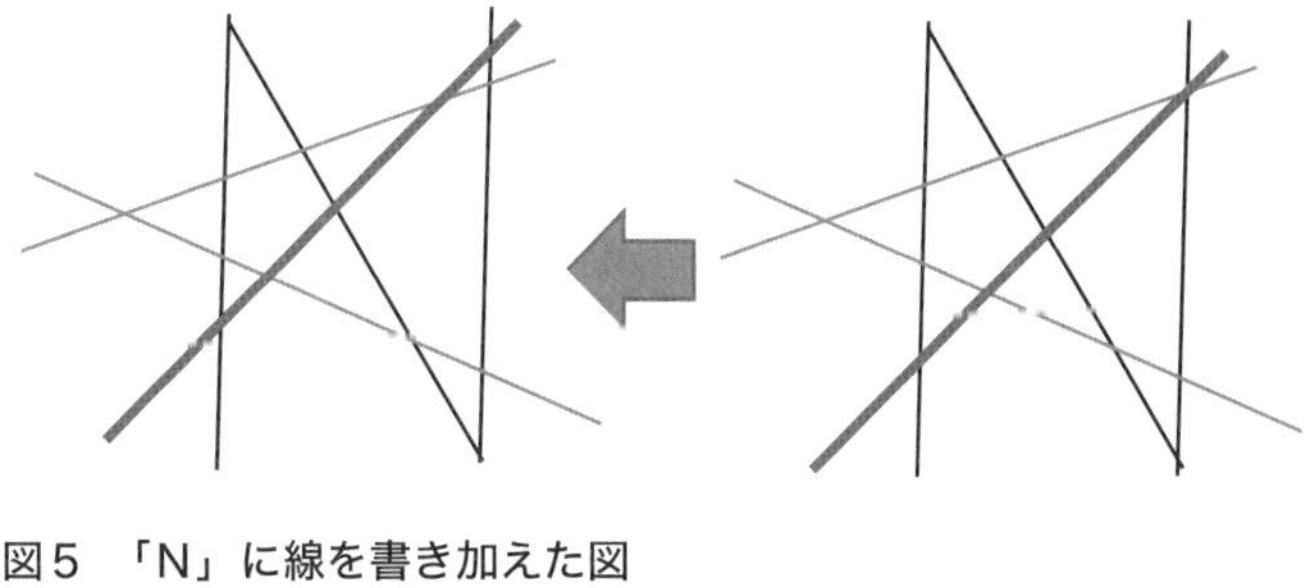

図5 「N」に線を書き加えた図
（右：三角形が6つ、左：三角形が7つ）

げた子は、5つの三角形を指さし、「ここが星形」と説明してくれた。これを見てた他の子も「星形」を自分の紙の上に作ってみていた。「ほんとだ」「星がある」と子どもたち。

「5つの三角形が見つかったね。今まで見つかった最大の数になったね。それじゃ、次のアルファベットに挑戦しようか。また、選んでもらおうかな?」次に選ばれたのは「N」。子どもたちは用紙が配られるとすぐに直線を引き始めた。「さて、今度はVより多くできると思う。少ないと思う」と問いかけると「多いかも」「少ない?」などの声が返ってきた。静かなときが流れた。今度はあまり時間をおかず「先生6つできたよ」と一人の子が言い出した。その子のところに行ってみると確かに6つの三角形が図5のように描かれていた。あと一ひねりで7つめの三角形が見つかりそうだった。「この線（図5の太線）を少しずらすともう一つできそうじゃない?」と声をかけた。その子は、すぐに思いついて一本の直線を引き直した。そして

V（二本の直線でできているアルファベット）……三角形は5つ

N（三本の直線でできているアルファベット）……三角形は7つ

W（四本の直線でできているアルファベット）……三角形は9つ

図6　文字を構成する線の数とできる三角形

「7つできた」うれしそうな声が教室に広がった。何人かの子がその声につられてやってきた。「できてる」そして「また星形だ」とつぶやく子もいた（統合的な思考のはじまり）。「本当だね。また星形ができてるね」きまりへの予感が教室の中に少しずつ広がり始まった。「次は、そのアルファベット？」次をやってみたいという気持ちがふくらんできているように感じた。

(3) きまりへの予感感

次に選ばれたのは「W」だった。子どもたちから「星形を作ればいいんじゃない？」という声も聞かれるようになってきた。しかしここでタイムアップ。きまりを発見するまでには子どもたちの学びを進めることができなかったが、授業が終わったあとも、何人もの子が私のところにやって来て、「先生、8個はできたよ」などと研究の結果を伝えてくれた（図6）。

●●● 授業を終えて

残念ながら、「きまり」を見つけるまでには至らなかったが、子どもたちは試行錯誤をしながら、アルファベットに三本の直線を書き加えて三角形づくりに取り組んでいった。その活動の中で子どもたちは「算数の不思議さ」や「きまりへの予感」を味わうことができたのではないかと考える。また、「星形」ということをもとに統合的に考え、課題に向き合い、解決方法を探ったり、友達の考えをもとに自分の考えを修正したりする学びを進めることができたと考えている。

本教材を使った学習は教科書に掲載されていないトピック的内容であるため、このような学習にいつもいつも取り組むことは難しい。しかし、どの子も取り組むことができ、どの子も愉しめる教材を使って学習する場面を設けることで、子どもたちを「自立した学び手」として成長させていくことができると考える。また、通常の教科書で進める学習においても、少しだけ工夫して「試行錯誤」できるようにしたり、「きまりへの予感」を感じさせたりすることで、子どもたちを自立した学び手へと成長させていくことができると考える。

［千々岩芳朗］

自立した学び手が育つ「図形」（中学年）

小学校の算数で、図形を学習する意味は何だろうか。考えて出した答えは、「意識して見る力」である。身の回りにはたくさんの物であふれ、図形の学習で扱うような形が存在している。そして、その形には様々な性質がある。しかし、日常生活を過ごしている中で、そんなことは考えもしない。だから、意識することが必要である。意識して見ると見える世界がある。「自立した学び手」には、「意識して見る力」が必要であると考える。「意識して見る力」を自ら働かせ、算数の世界を広げようとする子どもこそが「自立した学び手」であるからだ。

●●● 既習事項「平行と垂直」とどのように関連づけるか（（主体的な）既習と関連づけ）

黒板に「直方体の□と□の交わり方や並び方について調べよう」という課題を書いた後、「交わり方って聞いたときに、今までの勉強でどんなことを思い出す？」と尋ねた。

最初に子どもたちから出てきたのは、コンパスで交点を作り、二等辺三角形や正三角形を描いた学習だった。次に出てきたのは、四角形の対角線の学習だった。「ひし形の対角線は垂直に交わる」という性質を学習したことを話した。さらに、平行四辺形かどうかを調べる中で平行の学習をしたことを話した。そのやり取りを経て、課題の中の交わり方は垂直、並び方は平行ということを確認した。

続けて、「直方体の何と何を調べますか」と尋ねた。「面と直角」「点と辺」「辺と辺」「面と面」という考えが出た。（このときは、「面と辺」は出ていない。）子どもたちがこれまでの学習から構成要素に注目することができていると把握できた。

教科書会社の指導過程を比較してみると、どれも面と面を最初に扱っていた。その理由を考えてみると、「面と面」の関係には「ねじれの関係」が入っていないことが考えられる。立体の平行と垂直を初めて扱う子どもたちにとっては分かりやすい。その次に、同じ構成要素であることや平行と垂直の学習では直線同士の関係を扱っていることから、「辺と辺」を扱うことにした。「面と面」、「辺と辺」の学習を生かし、最後に「面と辺」を扱う。子どもたちの思考の難易度を考え、このような流れで進めることにした。

●●● 「面と面」「辺と辺」「面と辺」の流れの中で、位置関係を説明する（他者意識・説明活動）

「面と面」「辺と辺」の学習した後、「面と辺の交わり方や並び方を調べよう」という問題に取り組んだ。面ＥＦＧＨを基準に考えることにした（図１）。まずは、垂直になりそうなものを考えさせた。辺ＢＦ、ＡＥ、ＤＨ、ＣＧが出てきた。どうして、垂直といえるのかを尋ねた。直角になっているからだという答えが返ってきた。垂直になっているかは、直角かどうか測らないといけないのかと尋ねた。すると、次の３つの考えが出てきた。

・垂直① 直線を伸ばす

面ＡＢＦＥを構成する辺を伸ばし、十字の形を作った。その図（図２）を見て、「あー」という子が何人かいた。線を伸ばさなくても面ＥＦＧＨと辺ＢＦが垂直になると見えた子はいたが、十字のイメージを持っている子がまだ多いということが分かった。

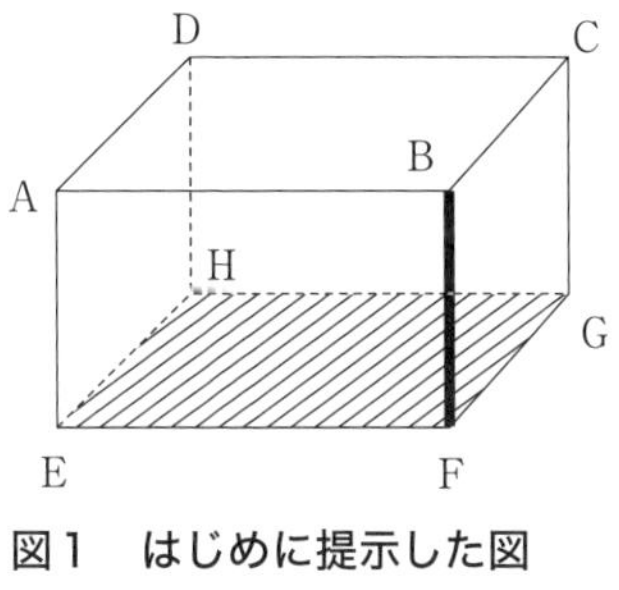

図１ はじめに提示した図

・垂直② 実物を使う

これまで使ってきた直方体の模型を用いて、「面EFGHと面AEFBや面BFGCは垂直なので、(角Fは) 直角になっている」と説明した (図3)。また、ほかの子からは、「面が長方形や正方形でできているから、角は直角になっている」という発言もあった。

・垂直③ 基準の面の向き

実物を使った子はもう一人いた。実物を黒板に当てて (図4)、次のような図を描き始めた (図5)。そして、描いた図を用いて、「基準の面の向きはこう (EFを写し取った線を指さす) で、これに垂直な線の向きはこう (AEを写し取った線を指さす) なので、この向きの辺とか面は全て垂直になる」と説明した。「おー」という歓声が起こった。AEを写し取った線を「垂直な向きの線」と名付けた。

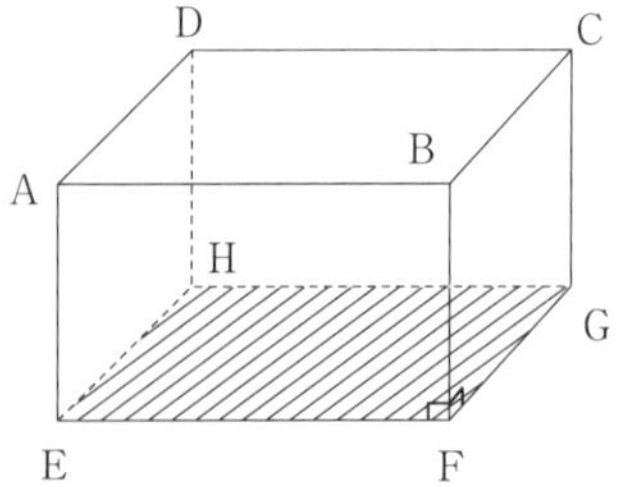

図3 実物を使う

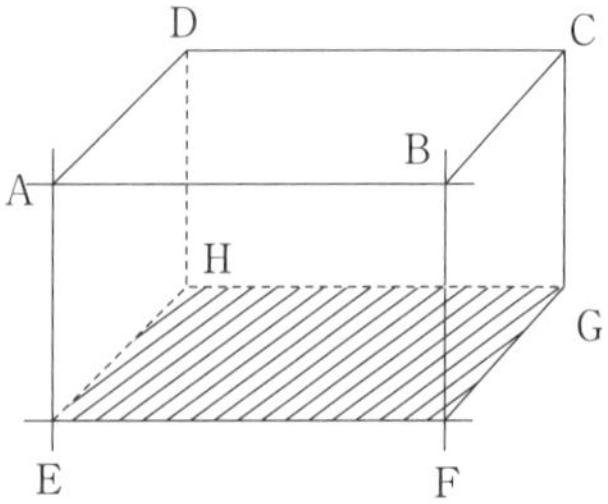

図2 直線を伸ばす

次に、平行な辺を調べる活動に移った。辺DC、CB、BA、ADが出てきた。面EFGHと辺ABがどうして平行なのかを考えることにした。

次の意見が出てきた。

・平行①　「辺と辺」が平行→「面と辺」が平行

「面EFGHの中に辺EFがあって、その辺とくっつかないが辺（AB）が平行」と発表する子が出てきた（図6）。そこで、「今回は面と辺の問題なのに、どうして辺と辺の話をしているの」と尋ねると、「ABを基準とする面の中のEFと平行」と説明した。すぐに、「どこに目を付けたの」と尋ね、「辺と辺」で考えていることを確かめた。さらに、「どうしてこんな風に考えたのか」を聞いてみると、「一回（辺と辺を）やっているから」と前回の学習を想起することができた。再度、「どうして辺と辺で考えたの」と確かめ、「面（EFGH）の中に辺（EF）があるから、『辺と辺』と考えてもいい」ということを押さえた。

図4　面を写す

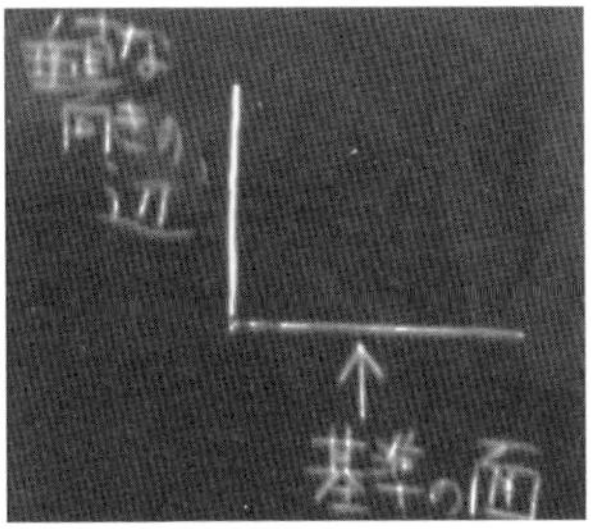

図5　基準面の向き

・平行②　「面と面」が平行→「面と辺」が平行

「面EFGHに平行な面がABCDで、「面（ABCD）を囲んでいる辺の一部が（辺）AB」と説明した（図7）。「面と辺」の話をしているのに、「面と面」の話をした。「どうして面と面の話をしているのか」を尋ねると、「面を囲っている辺の一部だから」ということを話したので、全体で確認した。

・平行③　辺の種類が3種類ある

「この箱の辺の種類が3つある」と言いながら、3種類（横・たて・ななめ）の辺を描いた。（どの辺も3本なのは、まだ見取り図の学習をしていなかったことから、見えている辺を描いていたためであると考えられる。）そして、「平行は2つの辺が交わらないこと」と話し、「横（同士）の線は交わらない」と説明した。続けて、「交わると平行じゃない」と説明した（図8）。

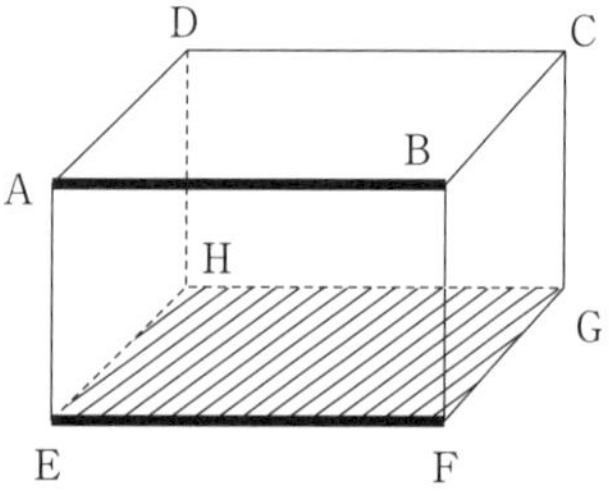

図6　面と辺が平行

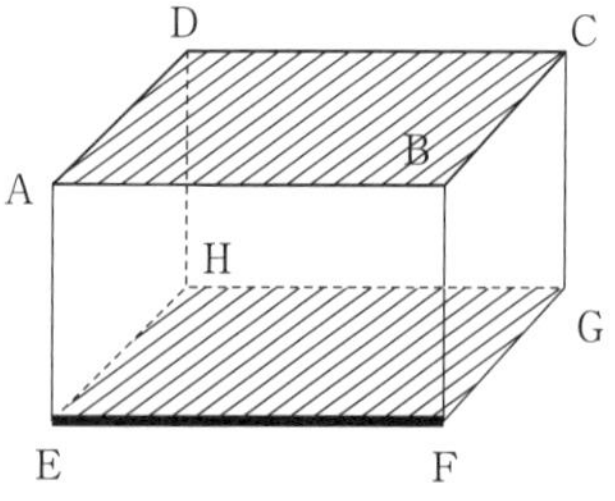

図7　面と面が平行

全体で、「横とたて」「横とななめ」は交わるので平行にはならないことを確認した。

・平行④　面ABFEが長方形

「長方形は同じ長さの辺が2つずつある。同じ辺の長さのある長方形は平行である」と話した。他の子どもたちと一緒に、目を付けた「面ABFE」が長方形であることを確認した。そして、「ABFEが長方形なのと、面EFGHと辺ABが平行なのと何が関係あるの」と尋ねた。先ほどの発言の「長さが同じ」に着目した子がいたので、「長さが同じことと平行は関係があるの」と尋ねると、「関係ない」という発言が出てきた。改めて、

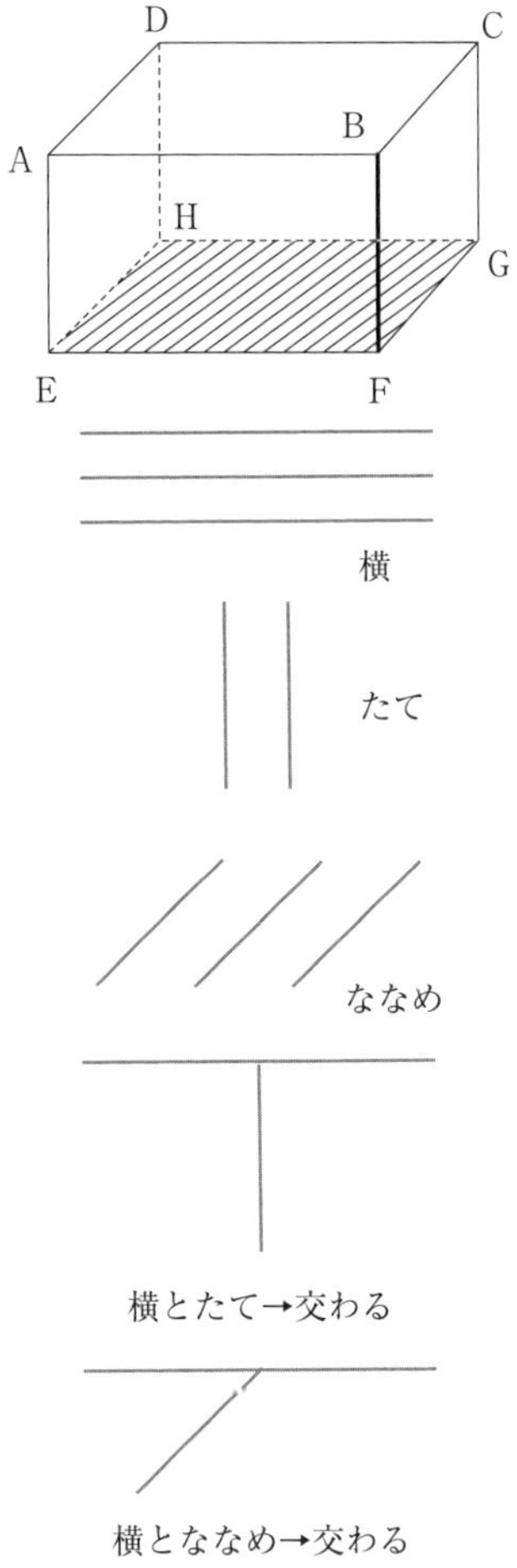

図8　3種類の平行とその関係

「長方形を使って平行は説明できないかな」と尋ねた。すると、「（長方形は）２つの辺が向かい合っていて、同じ角度で並んでいるから、ＡＢとＥＦが平行」と説明した（図９）。

・平行⑤　基準の面の向き

垂直③で説明した子が、再び直方体の実物とチョークを持った。そして、「基準の面の向きはこうなので……」と言いながら線を引き始めたので（図10）、説明を止め、他の子にこの説明の続きを想像させた。想像があっているかを考えながら、続きを聞くことにした。「基準の面の向きが横向きなので、基準の面に平行な辺の向きは横向きである」と説明し、その線を「基準の面に平行な向き」と名付けた（図11）。この図を見て、ほかの子が「３Ｄ（立体）が２Ｄ（平面）になる」と発言した。

これで終わりかと思いきや、まだ終わらなかった。この考えを発表した子と近くの子が議論していた。その様子を

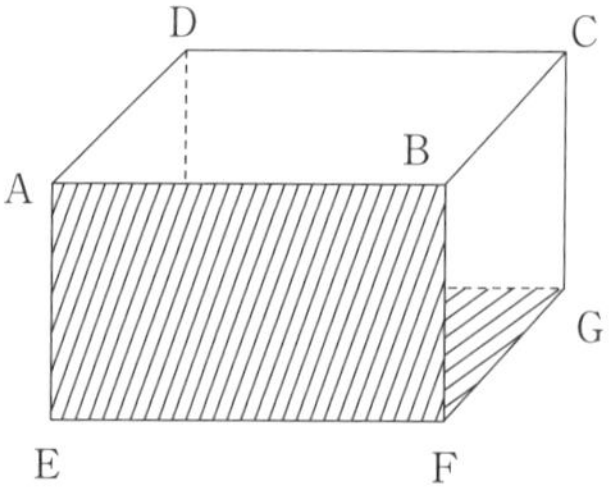

図９　面ＡＢＦＥ

図10　基準の面の向き

見た私は、全体で発言するように促した。すると、「『辺と辺』のときは使えない」と話した。どうしてかを尋ねると、実物を持ちながら、「この辺（EF）は横向きで、この辺（BC）も横向き。この辺とこの辺が平行にはならないけど、そういうこと（平行）になっちゃう」と話した（図12）。少し戸惑っている子がいたので、もう一度説明するように促すと、「この図を使うと、AB、BC、CD、DA全て平行になっちゃう。ここ（EF）とここ（AB）は平行だけど、ここ（EF）とここ（BC）は平行にはならない」「基準の面の向き」が「面と辺」について考えるときにだけ有効であるということを、考えた本人が見抜いていた。

●●●

単元を通して、「意識して見る力」を育む

今回の単元で扱った平行や垂直は、感覚的に見えてしまう。しかし、どうして平行や垂直なのかを説明することは

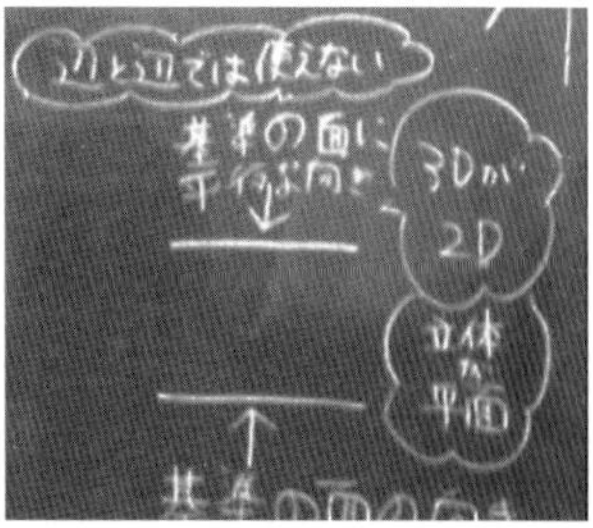

図11　基準の面の向き

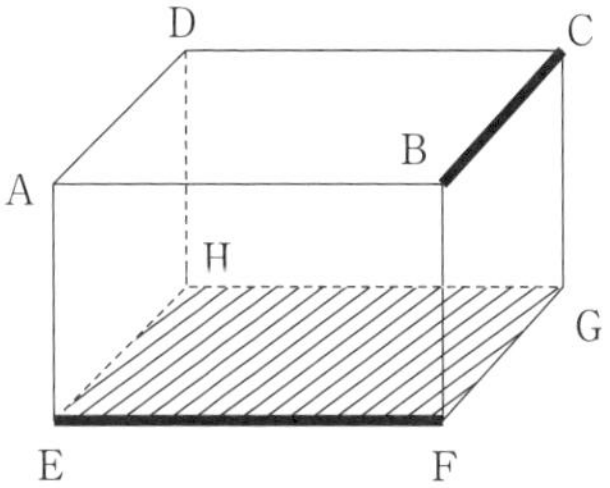

図12　基準の面が使えない場合

簡単ではない。実物を触ることや、「面と面」「辺と辺」「面と辺」と段階を追いながら、繰り返し扱っていくことで「意識して見る力」は育っていくということを実感した。

私自身、小学校時代から空間図形が苦手であった。この単元の学習プリントの解答を作る際にも、間違えた答えを作成してしまい、子どもたちに叱られた。でも、今回紹介したような子どもたちの発想を使うと、苦手だった私でも平行や垂直が見えるようになっていった。子どもたちの豊かな見方、考え方にたくさんの学びをもらった。

［中村佑］

自立した学び手が育つ「図形」（高学年）

本実践で育てたい自立した学び手の姿

〔授業のねらい〕　おもな基本的な平面図形の対称性を調べることを通して、既習の図形に対する見方を深める。

〔問題提示〕　今までに学習した図形も線対称なのか点対称なのか確かめよう。

本時は全十二時間中九時間目の実践である。前時までに、線対称や点対称の図形の性質について学んできているため、一人ひとりの子どもが今までに学習して得た見方・考え方を働かせて、個で課題解決する時間を設定した。本実践で育てたい自立した学び手の姿は以下2点ある。

・子どもたち一人ひとりが、自分が調べたい図形を見出し、線対称な図形なのか点対称な図形なのか今までに学習した図形の性質や辺の長さや対応する点などの見方・考え方を生かし、試行錯誤しながら調べる姿である。

・自分で調べることを通して、子ども自身が、迷ったことや確認したいことが何かに気付き、友達と一緒に課題解決することを通して、見方を修正し、解決する中で迷ったことや確認したかったことの解を見出す姿である。

自立した学び手を育てるためには子ども一人ひとりが見方・考え方を働かせるきっかけを作ることが必要だろうと考えた。そのために、自分で追究したいと思う内容の「学びの自己選択」をさせた。また、その後に全体で、子どもたちそれぞれが問題解決で働かせた見方・考え方を共有することで、その単元で大切な見方・考え方を確かなものにしていけると考えた。

・二等辺三角形
・直角三角形
・三角形
・直角二等辺三角形
・正三角形
・四角形
・正方形
・長方形
・平行四辺形
・ひし形
・台形
・五角形
・正五角形
・正六角形
・正八角形
・円
・楕円

図1　調べたい図形

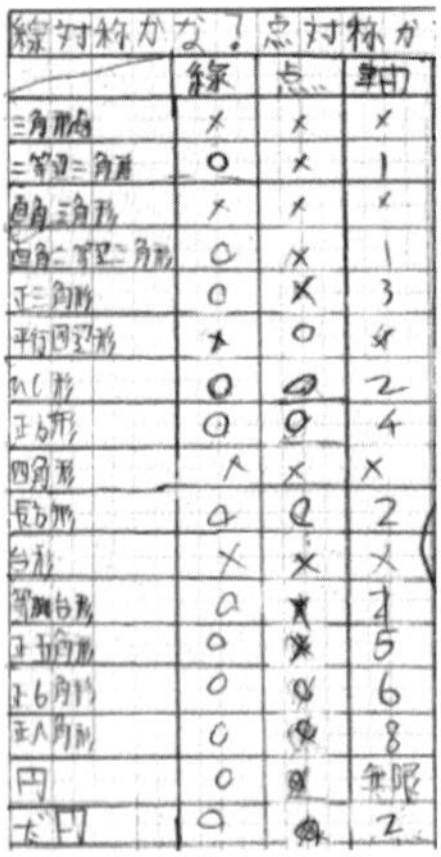
線対称かな？点対称か

	線	点	軸
三角形	×	×	×
二等辺三角形	○	×	1
直角三角形	×	×	×
直角二等辺三角形	○	×	1
正三角形	○	×	3
平行四辺形	×	○	×
ひし形	○	○	2
正方形	○	○	4
四角形	×	×	×
長方形	○	○	2
台形	×	×	×
等脚台形	○	×	1
正五角形	○	×	5
正6角形	○	○	6
正八角形	○	○	8
円	○	○	無限
だ円	○	○	2

図2　図形の整理

●●●
授業の実際

先の問題を子どもたちに提示し「どんな図形を調べたいのか」と問うた。すると、図1のような図形が子どもたちから出された。出された図形を子どもたちそれぞれが線対称なのか点対称なのか、対称の軸の本数を調べ始めた（図2）。

子どもたちの様子を見ると、表に整理している子が多い。左記の表（図3）で丸で囲んでいるように、一度、線対称や点対称な図形と考え表に記入したものの、違うだろうと、修正した跡も見られ、迷っている様子がうかがえた。また、次頁図4のように図形の性質に着目しながら、自分で図を描き、自分の考えが確かなのかどうかを確認しながら学んでいる様子も見られた。

それぞれの子どもたちが調べた内容を全体で確かめていった。子どもたちに「一人で調べてみてどうだったか」と問うた。すると、迷った図形があったとのこと。どんなことに迷ったのかみんなで

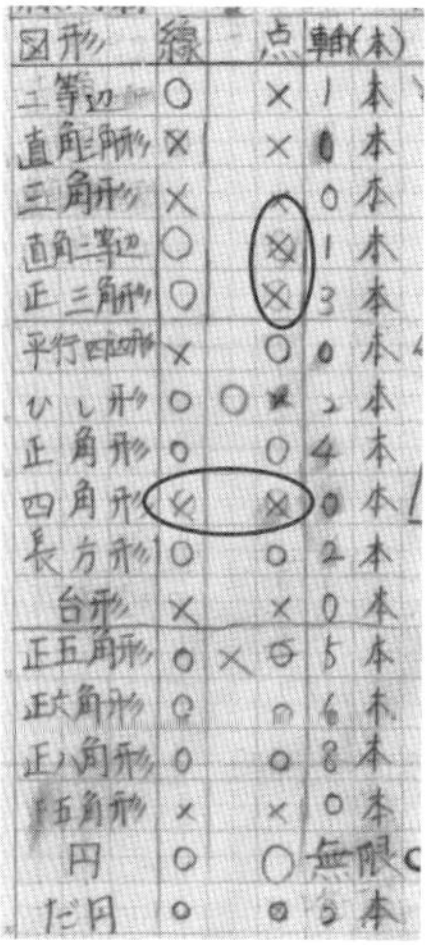

図形	線		点	軸(本)
二等辺	○		×	1本
直角三角形	⊗		×	0本
三角形	×		×	0本
直角二等辺	○		⊗	1本
正三角形	○		⊗	3本
平行四辺形	×		○	0本
ひし形	○	○	✱	2本
正角形	○		○	4本
四角形	⊗		⊗	0本
長方形	○		○	2本
台形	×		×	0本
正五角形	○	×	○	5本
正六角形	○		○	6本
正八角形	○		○	8本
五角形	×		×	0本
円	○		○	無限
だ円	○		○	2本

図3　試行錯誤の跡

共有することにした。

まず、三角形から確認していった。ここでは直角三角形が線対称な図形かどうか迷ったことが話題になった。その子の話によると「直角二等辺三角形は線対称な図形なのかは分かったが、同じ直角三角形だから迷った」とのことだった。私はこの子どもの発言を捉えて、「では、直角二等辺三角形と直角三角形とを比べてみよう」と問い返した。さらに、「直角二等辺三角形が線対称だと気付いた人？」と問うた。すると、何人かの子どもたちが手を挙げた。そこで、私は「どんなところに着目すると線対称な図形か点対称な図形か判別することができるかな？」と問うた。ここでは辺の長さに着目すると、判別できるという考えが子どもから出された。実際に図形を描いて考え方を共有した。「直角二等辺三角形は二つの辺の長さが等しいから、半分にしてもピッタリ重なるけど、直角三角形は三つの辺の長さが違うから半分にし

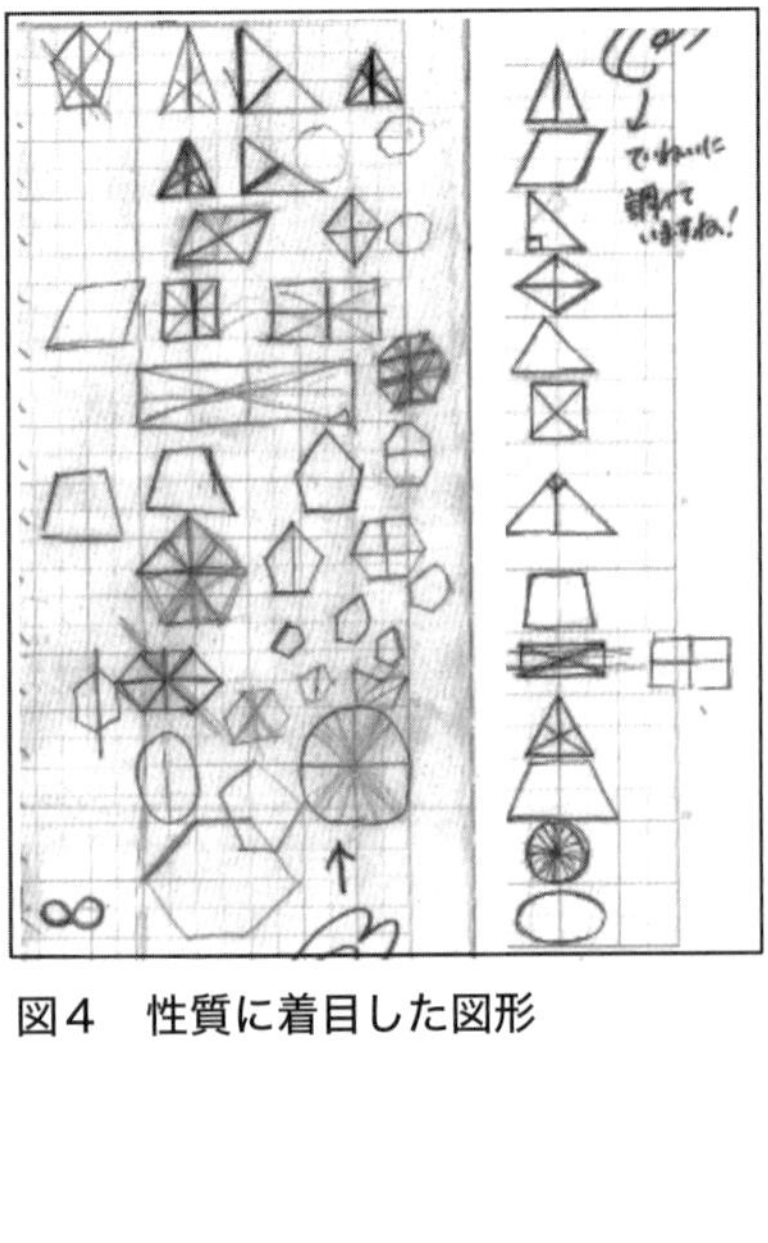

図４　性質に着目した図形

ても重なるところがない」ということだった。

次は四角形。ここではひし形が点対称な図形なのかどうか分からなくなったとA児が話してくれた。すると、一人の子が黒板の前に出てきて、下記のような三角形を二つ描いて説明をし始めた（図5）。「ひし形は合同な二つの三角形でひし形が作られているから、丸がついている角が180度反対側にもあるので、この三角形は重なり、点対称な図形となる」と。さらに、別の子どもが説明を付け加えてくれた。下記の図形（図6）を描いて「正五角形とした場合、この図形は丸がついている角度は180度反対側にはない。だから丸がついている角度が重なることがないから、点対称な図形にはならない」という見方だ。この子どもたちは対応する点に着目していると私は見取った。図形を比較しながら考えを発表してくれた子どもたちの発言のおかげで、迷ったA児は納得した表情になった。

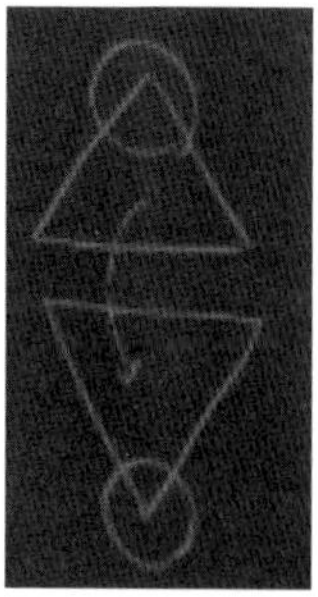

図5　ひし形の説明

図6　正五角形の説明

下記の図7はA児のノートの内容の一部である。それを見ると、ひし形と正五角形について、友達の考えが発表された後に、赤色で修正していることが分かった。

図8のように子どもたちが調べた内容を確認していく中で、子どもたちは正○角形の○に入る数に着目し始めた。「○の数だけ軸の数があるよ」や「○が偶数の場合は線対称な図形であり点対称な図形であるが、○が奇数の場合は点対称な図形にだけなる」と口々に気が付いたことが発表された。

A児はこの正多角形の内容について全員で確認した後、図9のように、『五角形は「正」がついていないから「0」、線対称ではない』とノートに明記していた。このことは正五角形について全体で図形の見方を

図7　ひし形と正五角形の修正

図8　全体での確認

確認し、さらに正多角形についても、気付いたことを全体で共有した結果である。よって、A児は、正五角形と五角形の違いに着目し、図形への見方を広げたと考えられる。他の子どもたちも学習して気が付いたことをノートに書き留める姿が見られた。

●●● 授業を終えて

本実践では、全体で「辺の長さに着目する」「合同な図形をみる」「対応する点に着目する」ということが焦点化されていった。実践を通して、一人の学びでは気付かない見方・考え方を全体で共有する中で見方・考え方が広がる、さらに周りに友達がいることで一人で考えた見方が修正されたと言える。見方・考え方を広げるためにはやっぱり全体での学びが必要だと言える。個での学びと集団で協働するからこそ、見方・考え方が個だけに止まらず、集団に広がり、また個の学びを伸ばすことにつながるのだと考える。

［河内麻衣子］

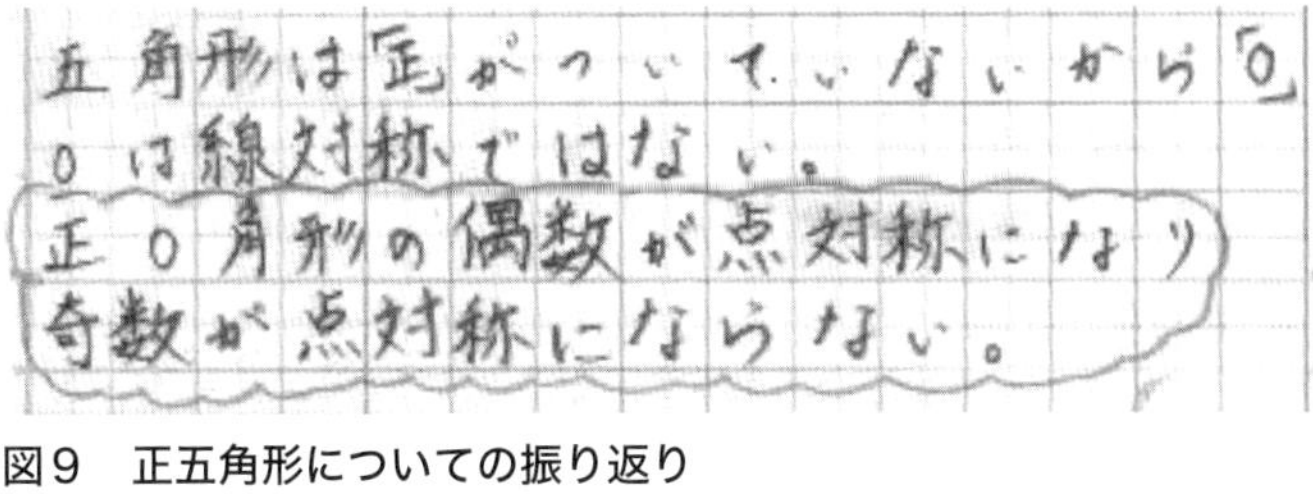

図9　正五角形についての振り返り

自立した学び手が育つ「測定」

重さについて、これまでの生活経験や測定の結果に依って自立する子ども

授業者が用意した展開を鵜呑みするように受け止めて学習を進めたり、「この子が言っていることだから正しいんだ」と、やはり他人の意見を鵜呑みにしたりするような子どもを、自立した学び手とは言わないだろう。そうなりにくくするために、本単元では、子どもが重さやその測定の仕方、数値表現と向き合えるようにしていきたい。そうすることで「見た目が大きいから重いと思ったけどいつでもそういうわけではない」「紙より金属の五円玉の方が重いと思って比べたら紙の方が重かった」「背負っているランドセルは思っていた以上に大きな数値になった」などと、重さを比べたり測ったりする前後に、その子なりに判断する姿や結果を受け止める姿が授業の中で見られるようにしたいのである。

つまり、本単元で望む自立した学び手としての子ども像は、重さの概念を得たり、重さ

についての感覚と数値表現のずれを小さくしたりしていくまでの過程で、生活経験や目の前の事実に依りながら活動していく子どもである。

●●●「重さ」「重い」って、どういうこと？（重さの概念づくりと重さ比べ）

習熟度別でクラスを分けて少人数で授業を組んでいる。レディネス・テストを「重さ」についてしているので、この学習が「重さ」に関わることだと子ども達は分かっている。

そこで、「『重さ』と聞いて、どんなことを思いつくかな」と聞いてみると、「体重」「体重が重くなるにつれて成長している」「体重がふえると見た目が変わる」ということが話された。教師は、物の属性として「重さ」と「形（見た目）」を明確に区別するために「重さと見た目って、関係あるのか」と問うた。すると「物は感触があるから重さがある。でも、同じ雑巾が見た目を変えても重さは変わらない」「水50㎖が形が変わっても同じ重さ」と、雑巾や水を例に形が変わっても重さが変わらないことを確認し合う場となった。

「そういうのが『重さ』なんだね」とした上で、子どもの手元にあった本のしおりとものさしのどちらが重いのかを教師が問うた。子ども達は両手にそれぞれを持ったり、一方の手でしおりとものさしを交互にもって比べるなどしていた。そうやって比べていることが「重さ」であると確認していくと、「ものさしのど真ん中にネームペンをつけて、てんびんにして、比べると、持った感じより、ちゃんとどちらが重いかが分かると思う」とアイデアが出された。筆箱の中にあるものなど手近な物同士を、ものさしとネームペンを使って即席でつくった天秤で何回か重さを比べると、置く場所や置き方でどちらが重いかの結果が曖昧になってしまうこともあった。すると、「もっと正確に比べられる道具でやりたい」「はかりとか」と子どもの思いが出された。これまでの「重さ」に対する捉えや経験から、重さを比べることについての課題が出された。「もっとこうしたい」というような姿勢は子どもが元来もっているものではないだろうか。

●●● 楽に重さ比べをするために（天秤の利用と任意単位の設定）

子どもがイメージしていた計器は、料理などで使われている電子ばかりの可能性も考えられたが、即興で作った天秤を正確にしたものという理由で、教師は理科室に多く余っていた上皿天秤を用意した。使い方とわずかな重さの違いでも分かることを確かめると、子ども達は、消しゴムや鉛筆などを選び、重さを比べ始めた。それぞれに何回か比べていると、近くの子ども同士で文房具を比べ始めた。そこで、授業に参加している子ども20名が

1つずつ自分の文房具を選び、20個の文房具の重さを比べようと教師から投げかけた。すると「今、ここで5人でやっていたんだけど、2つずつしか比べられないから、何回も調べないといけない」と声が上がった。1つ数を減らして、4つの消しゴムの重さ比べを、全員で見守りながら代表の5人が演示すると、その大変さが共有された。

教師が「このやり方だと、20個の重さ比べは大変すぎるけど、この天秤では簡単にできないかな」と投げかけると、「おはじきとか、お金とか、同じ重さのものが何個分の重さか調べればいい。20回使えば比べられる」とアイデアが出された。たくさんあった一円玉を使うことにし、20個の文房具の重さを一円玉何枚分かで測り、順位づけすることができた。

重さを数で表せた効果を振り返り、一円玉1枚の重さを1gと呼んで使っていることを伝えると、「グラムって知ってるよ」「野球のバットの重さもグラムってあった」などと生活の中で見聞きした経験を話していた。そのとき、新たに知ったことや確認したことを自分の経験と結びつけることを子どもは自然と行なっているのだろう。

●●● だいたい何gってどれくらい（重さの量感を養う）

1gの単位を知ると、子ども達は生活の中で見られる電子ばかりや体重計などに目を向けた。学校にある秤量が1kg、2kg、4kgの目盛式の上皿ばかりの使い方を教えて、重さづくりに取り組んだ。重さづくりに入る前に、トイレの横についている小さな棚板や、部屋にある支え棒やフックなどの重さ制限の表示を見せて話題をふった。だいたいどのくらいの重さのことなのかをパッと判断することは生活にある程度役立つ、というメッセージだった。

重さづくりは、周りにある物を集めて目標の重さに近づけるというもので、重さを測らずに物を集めた後に、はかりに載せて測り、測定結果を確かめるというルールである。「800g が目標」「2kg」等々、何度か重さづくりを繰り返していくと、だんだんと目標に近い重さになるように物を集められるようになってきた。他の班より目標に近くなるように取り組む子ども達が増えてくると、集めた物を秤に載せて確かめるときに、載せていく物の重さをノートに記録し始めた。そして、あらかじめ計算して予測するようになったのである。重さの量感を磨いていく活動であったが、次第に重さを表す数値の計算をする活動になっていった。そこで、計算を使えることを共有し、子どもが向き合うことをシフトするようにした。また、ひき算をつかう機会も得られるように、重さがオーバーしたときに「重さを記録したものを見て、どれを除くと一番近い重さになりそうか」と問うようにした。

数で捉えられれば計算ができる、3年生のここまでの学習で子ども達が感得していた算数のよさが顕著に現れた場面であった。

●●● 友達の困りごとを一緒に解決（犬の体重の測り方）

家庭学習の例として、家にあるものを測って報告することを伝えると、多くの子どもから報告があった。その中に、「うちの犬を体重計に載せても、一瞬しか止まっていないから測れない」という困りごとが報告された。人のように体重計の上で止まらない生き物を測るには、どうしたらよいかをロールプレイしながら考えた。

①「待て、をする」「それを聞いてくれたら苦労しない」
②「(体重計に) 柵を作る」「かなり面倒そう」
③「えさを置く」「おー、一緒に置いたえさの分の重さを引けばいいんだ！」「確かにた

だ載るよりもいいかも。でも少し不安」おしい、あと少し、と教師は思う。

④「体重計に犬の足を貼る」「それはかわいそう」

中々、決定打が出ないので、教師から④を可哀想でなくやって、③のように算数を使うような方法があるといいね、と伝えた。「うーん」と沈黙思考する子ども達。少しして、「〇〇さんがその犬を抱えて体重計に載ればいいんだよ！」とアイデアが出された。子ども達は、納得である。学んだ算数をどのように使うかは場面に即している。そして、その場面そのものは、自立し考えているからこそ、出会えるものなのだろう。

〔山田剛史〕

自立した学び手が育つ「変化と関係」

はじめに

本稿では、6年生「比例と反比例」の単元における、反比例のグラフについての学習を取り上げる。反比例のグラフは比例のグラフとは特徴が大きく異なる。特に、直線で表現できないグラフに出合うことは、子どもたちにとって初めての経験である。子どもたちがその「初めて」に対して、自らの手で学びを進め、理解を深めるためには、どんな「問い」（数学的な疑問）をもつことができるかが重要であると考える。

特に、伴って変わる二つの数量の学習において、子どもはきまり（規則性）を見つけると、「分かったつもり」になることがある。そして、「分かった」と感じると、学びは一旦そこで完結する。しかし、それでは自立した学び手とは言えない。発見したきまりについて、そうなる理由や本当にそうなるのかを自ら問い直し、納得するまで考えようとする態度を育てることが、自立した学び手を育てることにつながると考える。

本稿では、反比例のグラフについて学習した二時間の授業を基に、自立した学び手の具体と、そのために教師ができることについて考えていく。

●●● 協働的に学ぶ中で「問い」の見つけ方を学ぶ
（自分の課題を設定する子ども）

まずは一時間目の授業について述べていく。子どもたちは前時までの学習で、反比例の特徴について学習している。本時では、初めて反比例のグラフを扱うが、その中で子どもたちが「問い」をもつことができるようにするために、教師が工夫した点が二つある。

一点目は、比例のグラフとの対比や問い返しで焦点化して考えられるようにした点だ。

実際の授業では、冒頭で「反比例のグラフはどんな形になりそうだと思うか」を子どもたちに尋ねた。多かったのは「比例と逆で、（右にいくにつれて）下がっていく」という予想だった。そこで、この「比例と逆」という部

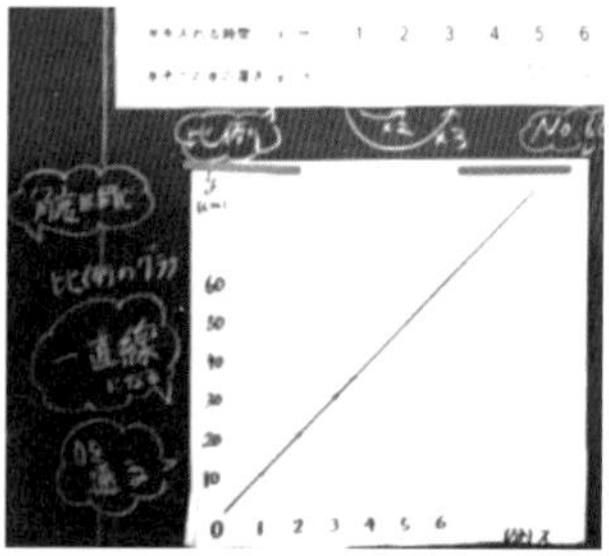

図１　比例のグラフ

分を取り上げ、「どのようなところが逆なの？」と問い返すことで、比例のグラフの特徴について振り返った（図1）。そうすることで、子どもたちからは、「反比例のグラフは直線にならないんじゃない？」と、その特徴に焦点を当てて考える様子が見られた。

二点目は、児童が「違和感を覚える」場面を設定するために、反比例のグラフ上の「点と点の間」に着目できるようにした点だ。

比例のグラフの特徴を確認した後、反比例のグラフの形を確かめるために表をグラフに表す活動を行った。表1では、xが整数の場合しか載っていないため、子どもたちは点を打った後、図2（次頁）のように点と点を直線で結ぼうとすることが多い。しかし、反比例のグラフは折れ線グラフとは異なり、対応する値の組を表す点の集まりである。実際にはその点と点の間にも無数の点があり、それらが直線状に並ぶところは無い。直線にならないことに気付くためには、「点と点の間」に着目し、そこが本当に直線になるのかどうかを、問い直す必要がある。

そこで、まずは子どもたちが確実に違和感を覚えるグラフから導入することにした。具

表1　水を入れる時間と深さ

1分あたりに水を入れる深さ x(cm)	1	2	3	4	5	6
水を入れる時間 y(分)	60	30	20	15	12	10

体的には、図3のグラフを示した。xが1の時と6の時の二つの点の位置を確認した段階で、教師が「じゃあこれで完成だね！」と、それを直線で結んで見せた。子どもたちからは、すかさず反論が噴出した。

C1「xが2とか3とかのところの点の位置が表と違うので、おかしいと思います」

C2「これ多分曲線になると思います。直線になるのは変」

C3「0（原点）を通ってませんよ。先生、比例の時に勉強したのに、ミスしてますよ」

子どもたちは、グラフのいろいろな箇所に着目して反論することができていた。不完全で違和感のあ

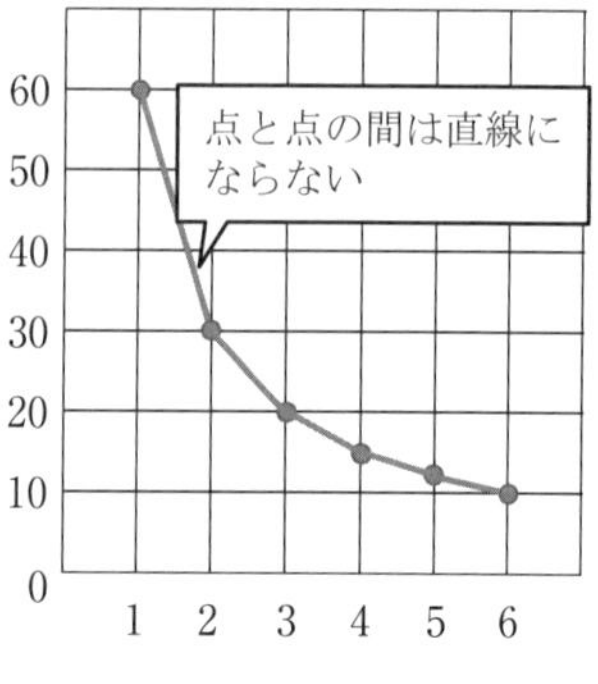

図2　点と点を結んだグラフ

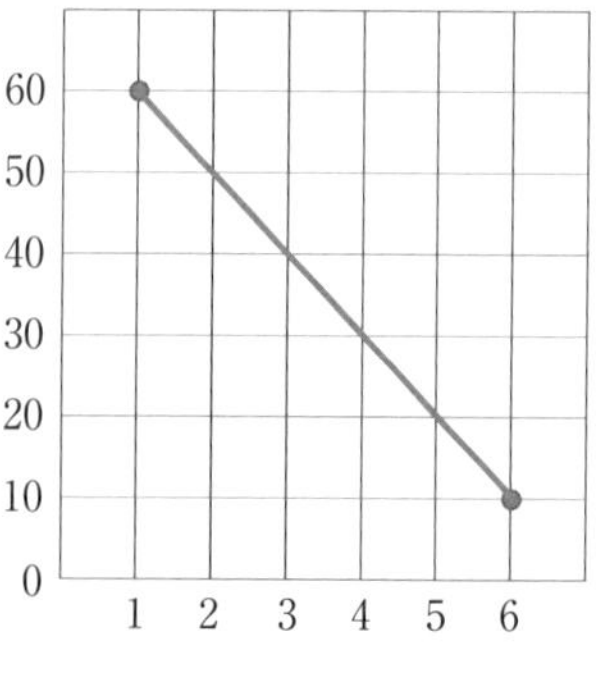

図3　はじめに提示するグラフ

るグラフを見たことに加え、授業冒頭で比例のグラフの特徴を振り返ったことで、その特徴と対比して考える子どもも多かった。

ここで子どもから出てきた意見は大きく二つ。グラフは「直線にはならない」という意見と、「0を通らないとおかしい」という意見だった。そこで、子どもたちは手元に自分でグラフを描いて確かめ始めた。グラフを描き始めてしばらくたった時、本時で初めて、子どもたちから口々に「問い」が発せられた。

C「このグラフ、0（原点）を通らなくない？」

C「いや、通るでしょ」

●●● 「問い」が生まれ、議論が起こる（自他ともに明確な論理を構築する）

「反比例のグラフは0（原点）を通るかどうか」について、教室のあちこちで子どもたちの意見にズレが起き、「問い」が生まれた。自由に友達と議論したり、一人で考えたりする時間を取った後、学級全体で議論することになった。議論の際、子どもたちがまず着目したのは、この反比例の関係を表した式（$x\times y=60$、$y=60\div x$）であった。

C1「私は0を通らないと思います。$x \times y=60$になるはずなのに、0を通るんだとしたら、$0 \times 0=0$で60にならない」

C2「でも、$y=60 \div x$で考えれば、$60 \div 0=0$なんだから、いいじゃないですか」

C1の「0を通らない」という意見と、C2の「0を通る」という意見、どちらに対しても子どもたちからは「そうか」「なるほど!」等の声が上がった。「$60 \div 0$」に関して、「0で割ると0になる」と考えている子どもが多く、式を基に考えても、議論は平行線であった。すると、式ではなく問題場面を基に考えた子どもたちが意見を述べ始めた。

C3「私は問題文にして考えたんですけど……。この問題だと、1分に1㎝水を入れます。60分経つと満タンになるっていうお話ですよね」

C4「そしたら0分の時には0㎝なんだから、いいじゃん。あってる。0は通る」

C5「いや、これは60㎝の水槽が満タンになるときの話。だから、1分に0㎝だと、いくらたってもたまらないから、おかしい。0はありえない」

この問題場面の議論にも、納得した子どもとそうではない子どもがいる様子だった。教師が問題を出した時とは違って、自分達が見出した「問い」が持つ熱量は凄まじい。協働的に学ぶ中で子ども同士の意見のズレが起きることで、議論は更にヒートアップしていった（図4）。結局この時間、一番多くの子どもたちが納得したのは、最後に発言した一人の子どもの意見だった。

C6「60÷0＝0だから0を通るって言うけど、60÷0＝0じゃない。検算したら0×0＝0だから、60にはならない。だからおかしい」

この意見に対して、教室から「そうか」「確かに」等の声と拍手が上がった。ここで一時間目が終了したが、反比例のグラフが0を通らないことを全員が納得したわけではない。授業後、子どもたちは「次の時間も納得するまで反比例について考えたい」と言っていた。

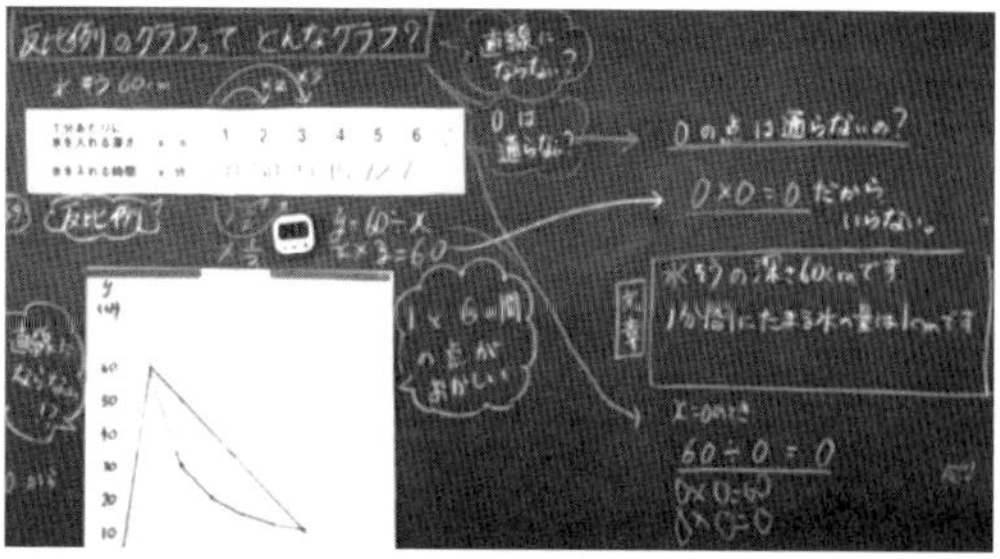

図4　協働的な問題解決の板書

●●● 問いを生かして個別学習へ（自己を調整しながら学びを進める）

二時間目は授業の大半を個別学習の時間とした。反比例のグラフについて子どもたちが考えたい「問い」は、「0を通るのか通らないのか」に加えて、「グラフは直線にならないのか」「xが0～6の外側の線はどんな形になっているのか」の三つであった。これらの問いを共有し、あとはそれぞれの子どもが自分で定めた「問い」について追求していった。

クラスを見渡すと、さまざまな学びの様子が見られた。一人で考えている子どももいれば、友達と相談する子どももいた。一人で考えていても、何か気付いたことがあると、他の人に伝えたくなる。「問い」を共有していることで、自然と他の友達との考えの交流や議論が巻き起こり、個での学びと協働的な学びを自由に行き来しながら学びを深めていく子どもたちの姿があった。

授業を経て、子どもたちは反比例のグラフは「原

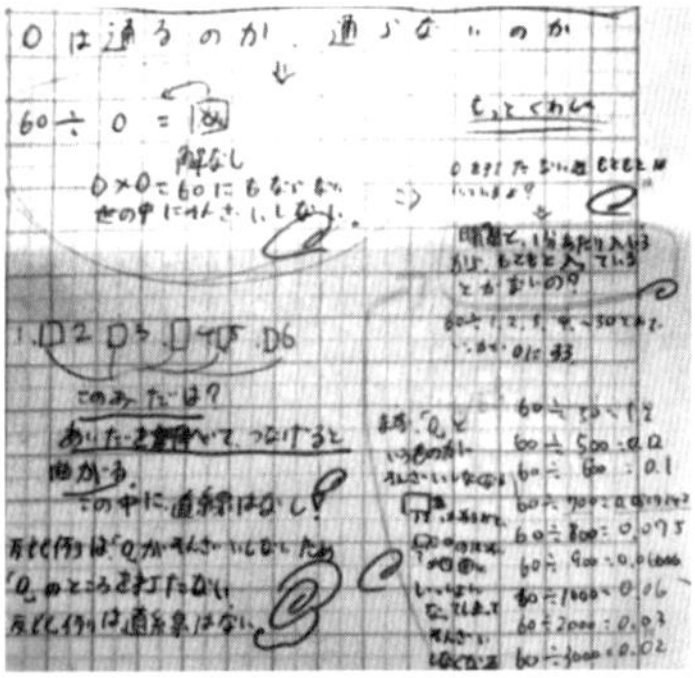

図5　授業後のノート

点を通らない」「曲線」であることを理解することができた（図5）。納得するまで「問い」を追求した子どもたちは、その特徴をただ言葉で覚えたのではなく、具体場面や反比例の関係を関連付けながら、なぜそうなるのか説明できるようになっていた。

●●● 自らの「問い」から生まれた学びを振り返る（学びを整理する）

授業終末には振り返りを行った。自立した学び手を育てるためには、「何を振り返るか」が重要だ。子どもたちのノートにはそれぞれの学びの足跡や大切だと思った内容について書かれていた。一方で、学級全体では、今回の学び方やその手応えについて子どもたちと振り返った。子どもたちは「徹底的に考えることは疲れるけど、楽しい」と言っていた。自分で「問い」を見つけて追求することの「良さ」や「面白さ」について振り返ることは、子どもたちがその学び方を意識し、次の学習に生かそうとすることにつながる。実際子どもたちは、この単元以降、自分で問いを立てて追求することを好むようになった。その態度こそ、自立した学び手に向かうための大切な一歩なのではないかと考えている。

［瀬尾駿介］

自立した学び手が育つ「データの活用」（下学年）

日常の事象から問いを作る

多様な子ども一人一人が、「自立した学び手」として学び続けていけるようにしていくことが求められている。「自立した学び手」を育んでいくためには、人に言われたからやるのではなく、自分で考え自分で学んでいけるよう、「学び方」を学んでいくことを教師が意図して授業を考えていくことも必要であろう。

また、学びを自分で作っていくための原動力として、子どもたちにとって「知りたい」「考えたい」「解決したい」と言った知的好奇心が必要不可欠である。そのため、教師は子どもたちが考えたいと思う題材や問いを授業で扱っていくことが求められる。

教師は子どもたちが学び方そのものを学ぶためのカリキュラムデザインを行っていきたい。下学年におけるデータの活用の領域の学習においては、子どもたちが高学年になった時に自分で統計的探究プロセスの過程を回していけるように、そのプロセスを授業で意識して扱っていく。

下学年では、子どもたちにとって身近な題材に着目し、関係するデータを整理しながらデータの特徴を捉えることを中心に行っていくこととし、「問題」や「計画」、「結論」の部分はそれほど重く扱わなくてもよい。そして、徐々に身近な題材から問題を設定する活動や、その問題に対して集めるべきデータとその集め方などについて扱っていく。

下学年では、子どもたちが「調べてみたい」「整理してみたい」と思える課題を設定することが特に重要となる。日常生活の問題を解決するために、データの特徴と傾向などに着目して捉えたり、整理したことを考察したりすることで、統計的探究プロセスのよさを少しずつ感得していけるような活動にしていきたい。

●●● わかりやすく整理して表そう 「けがを減らそうプロジェクト」（3年生）

(1) 必要なデータを複数のデータから選び、データに基づく判断を行う

あるとき、養護教諭から「お茶小の子どもはけがが多いから、どうしたらいいかな」という相談をうけた。そこで、まずけがを減らすためにはどうしたらよいか子どもたちに尋ねてみた。

「ルールを守る」という意見の他、「校庭のけがが多いのでは……」「教室で走らない」など、場所に関係する意見が多く出された。

また、「けがをした人の人数を調べたい」「けがの種類も知りたい」「どうしてけがをしたのかな」などの、知りたいことも話題となった。そして、「看板やポスター、張り紙を作ってけがが減るように呼びかけたらいいと思う」という子どもの意見から、けがのデータを調べ、その分析結果から分かったことを呼びかける「ケガを減らそうプロジェクト」がスタートした。

「けがを減らすためには何を調べるとよいか」ということを、子どもたちと一緒に考えていくことで、必要なデータの種類について話し合っていった。

まず、最初に子どもたちの知りたいこととして、「けがをした場所」と「けがの種類」が話題となった。そこで、初めに、九

表1　けがの場所と種類の人数

	だぼく	すりきず	鼻血	きりきず	その他	合計
ピロティ	9	11	2	0	1	23
教室	18	1	1	0	3	23
体育館	4	1	1	0	1	7
ろうか・階段	7	0	0	0	0	7
校庭	3	3	0	0	1	7
グリーンベルト	1	5	0	0	0	6
プレイルーム	3	0	0	0	0	3
その他	2	1	0	3	2	8
合計	47	22	4	3	8	84

月、十月、十一月における三年生がけがをした場所とけがの種類のデータ（表1）を配った。そして、どこでけがをする人が多いか、また、どんなけががが多いのか、表や棒グラフにまとめていった。

次に、他の学年の特徴や傾向を見るために、他学年における同じ期間のデータを子どもたちに渡して分析する時間を設けた。これらは、データの量が多いので、自分が調べたい学年に分かれて分担して調べた。各学年のデータを分析し、それぞれの学年の結果を二次元表（表2、3）にまとめ、その表から「3年生の特徴と傾向」について分析した。

表2　けがした場所と人数

	教室	校庭	体育館	ピロティ	グリーンベルト	ろうか階段	山	スタジオ	プレイルーム	アトリエ	鉄棒	多目的室	トイレ	家庭科室	手洗い場	畑	**合計**
1年	60	30	4	11	7	1	5	7	2	1	1	1	2	0	1	0	**133**
2年	51	11	6	8	4	2	4	2	1	0	3	0	0	0	0	0	**92**
3年	23	7	7	23	6	7	1	0	3	1	1	2	1	0	1	1	**84**
4年	11	27	8	5	7	5	0	0	0	0	0	0	0	0	0	1	**64**
5年	7	14	20	2	3	6	0	1	0	2	0	0	0	2	0	0	**57**
6年	9	14	22	2	4	3	2	1	3	1	0	1	0	1	0	0	**63**
合計	161	103	67	51	31	24	12	11	9	5	5	4	3	3	2	2	**493**

表3　けがの種類と人数

	だぼく	すりきず	きりきず	鼻血	つき指	ねんざ	とげ	やけど	まめ	かさぶた	合計
1年	77	38	5	4	2	0	4	1	0	2	133
2年	45	35	4	6	1	0	1	0	0	0	92
3年	47	22	3	4	2	2	1	1	1	1	84
4年	36	16	0	3	5	3	1	0	0	0	64
5年	20	19	3	4	4	6	0	1	0	0	57
6年	17	23	4	2	5	6	2	2	1	1	63
合計	242	153	19	23	19	17	9	5	2	4	493

(2) データから本当に言えることなのか問う

3年生のけがの特徴や傾向を分析し、結論づける過程で、「本当にデータから結論付けてよいことなのか」「結論付けるには、まだ情報が不十分なのではないか」「どのデータを取り出して分析したことなのか」など、友達の意見を聴き合い、自分の考えにも反映させていけるようにした。

実際に子どもたちにデータをまとめたものからわかることは何か問うた。

すると、子ども達から、「一輪車のけがが多い」「雨が原因でけがが多い」「鬼ごっこで走る人が多いからけがが多い」など、生活経験に基づく意見が多く出され、今あるデータだけでは根拠として不十分であることに最初から言及できる子どもは少なかった（図1）。

3年生の子どもたちにとって、「データから言え

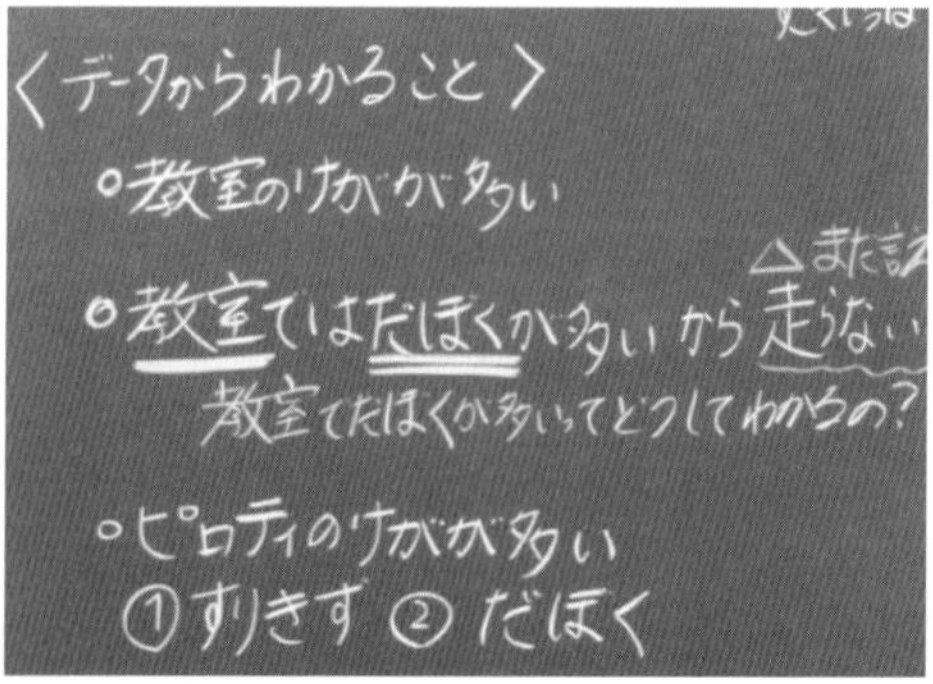

図1　データからわかること

ること」と「生活経験の中で感じていること」を切り離して考えることはなかなか難しい。そのため、教師は子どもの生活経験が思考の背後にあることを十分に理解した上で、繰り返しデータから考える機会を作り「データから言えるか」と伝え続けていくことが大切である。

3年生の段階では、生活経験も十分に語らせた上で、改めて「データからは言えるのか」批判的に問う時間が必要となる。そして、データを整理してわかったことを再度生活経験と結び付け、「ピロティのけがが多いから、ピロティでのけがの原因を調べたい」と次の課題につなげ、課題を追求する子どもの思考を教師が見取り、価値づけていくことが重要であると考えられる（図2）。

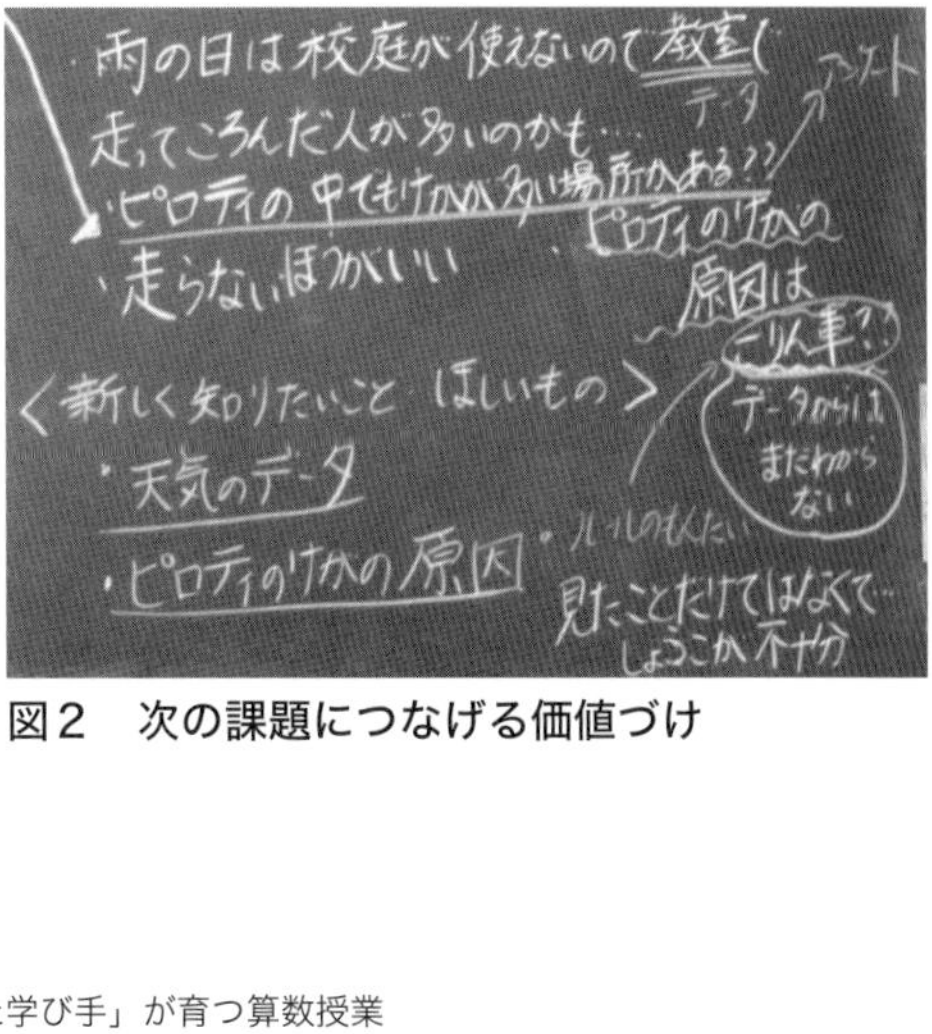

図2　次の課題につなげる価値づけ

(3) 必要なデータは何か考え、再度分析する

次時では、「どんなデータが必要か」「何を調べればわかるのか」といった、新たに生まれた問いを検証するための手順について扱った。子どもたちから「さらに◯◯について調べてみたい」という気持ちがたくさん表出した。

「けがの理由を知りたい」「けがが一番多いピロティや教室のけがの種類を知りたい」「雨が降った日に教室で走って怪我をした人が多いのかもしれないから、怪我をした日の天気を知りたい」「いつ怪我をしているか、時間を知りたい」「けがが一番多いピロティの素材を知りたい」「けがが一番ピロティに実際に行って調べたい」など、新たな問いを調べていくことで、けがの原因を探ったり、けがを減らしていくために何を呼びかけていくといいのか、自分たちで問いを選択し、同じ問いごとにグループを組んで調べる時間を設けた。

あるグループは、けがが多いピロティに実際に行って原因を探し始めた。ピロティはトランポリンや階段などあり、つまずきやすいものが多い。しかし、どのようにけがをしたのかまではデータではわからない。そこで、ピロティの地図上に実際にピロティでけがをしたことがある子どもにシールをはってもらい（図3、4）、ピロティのけがの原因を調べ

始めた。

その結果、ピロティの中でも階段がある場所やトランポリンが置いてある場所でのけがが多いことが分かった。階段やトランポリンの周りでは一輪車はやっていないことが多いことから、子どもが予想していた一輪車が原因ではないことが新たなデータからわかった。

また、天気とけがについて調べたグループもあった。

図3　けがした場所にシールを貼る

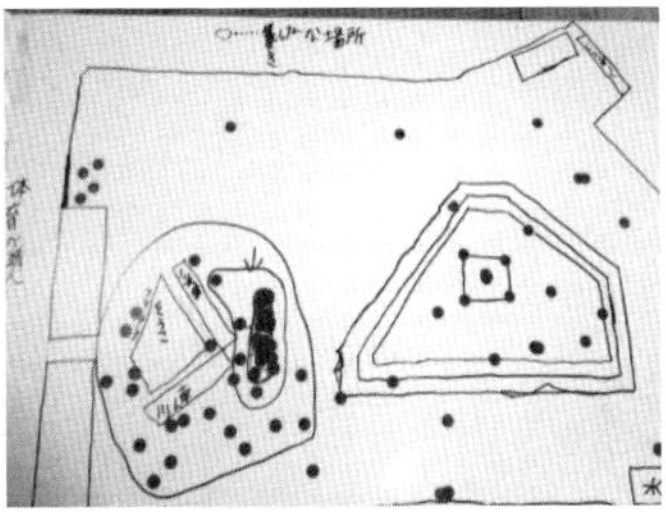

図4　シールを貼った結果

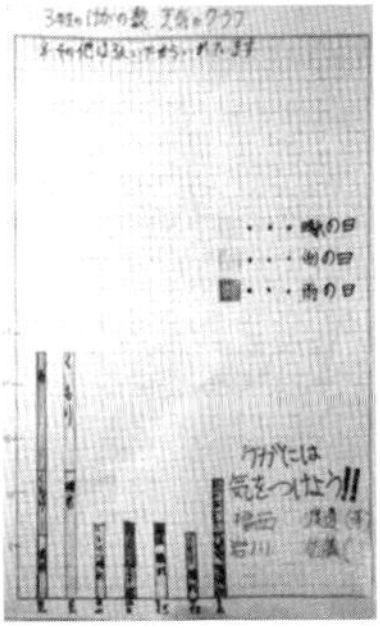

図5　天気のデータから新たに調べる

あるグループは、「けがをした場所と天気」について調べた。教室のけがは、半分以上雨の日に起こったので、だから「雨の日の教室での過ごし方に気をつけよう」とまとめていた（図5）。また、別のグループは「けがの種類と天気」について調べ、雨の日のけがは、「打撲」が多いことがわかった。

それぞれのグループが新たな問いを作り調べていくことで、活動の方法や種類も広がり、さらに友達の調べたことを聞くことで、「今度は自分たちもアンケートをとってみたい」「シールを貼るのはいい方法だね。やってみたいな」と学び方も広がっていった。

本実践では、教師は、子どもの考えを適切に捉えながら、データを分析した結果から新たな課題を見つけ、統計的探究プロセスを大切に扱っていくことが重要であると考えた。「自立した学び手」を育むにあたり、子どもたちの生活経験も十分に考慮しながら、日常事象の課題を扱い、生活の中の問題を解決していくため算数は役に立つといった算数を学ぶ有用性を実感させることで、上学年になった時に自分で統計的探究プロセスを回していける子どもに成長していくと考える。上学年で身につけてほしい力も教師は念頭におきながら、下学年での体験的な活動を大切に扱っていきたい。

［岡田紘子］

自立した学び手が育つ「データの活用」（上学年）

自立した学び手を育てる二つの場面

本実践、六年生「データの活用」の授業の中で、「自立した学び手」を育成することを意図して設定した場面は二つ。

一つ目は、班で妥当性の高い結論を考えさせる場面である。個人で意思決定した結論とその論理を互いに共有する中で、データに対する解釈のズレを明らかにしていく。仲間の考えを聞き、自分の論理を省察することで、各々が自らの方略を修正していく。その過程を経て、より納得できる結論を導き出していく。これらの『自ら意思決定する過程』を通して、自己を調整しながら学びを進めようとする姿を引き出していく。

二つ目は、クラス全体で妥当性の高い結論を考えさせる場面である。全員が最も納得できる結論を導き出すための算出方法（数学的モデル）を自分たちで考えていく。個々の考えを出し合い『合意形成を図る過程』を通して、自ら学びを整理していく姿を引き出していく。

「二学期最後の献立を考えよう」

教材は、「二学期最後の献立を考えよう」である。本実践は、単元末の発展的な学習場面に位置づく。学習課題は、十一種類のメニューの中から主菜と副菜を一つずつ決めるというものである。最初は、個人で選択するが、その考えをもとにグループで協議し、一番良いと思う献立を決定していく。最終的には、クラス全体で一番良いと思う献立を決定していく。各班の考えを共有しながら、妥当性が一番高い献立はどれかを考えていく。その際、比較する視点を確認しながら多面的に捉え直したり、批判的に考察したりしていく。これらの活動の中で合意形成を図りながら、最終的に一つの献立に決定していく。

「僕だったらこれ!」自分ごとになる問題を扱う

授業冒頭「好きな給食の献立は何?」と投げかける。すると、「カレー」「きな粉パン」「お肉!」など、様々な声が上がる。ここで「二学期最後の献立は何がいい?」と投げかける。子どもたちは、驚いた様子で「自分たちで考えていいの?」と声を上げる。キラキラした目でこちらを見つめる子どもたち。このような自分ごとになれる現実問題（真正な問題）を扱うことで、主体的に問題場面へ関わる子どもたちの姿を引き出すことができる。二学期最後の献立を考えることになった子どもたち。牛乳とパンは決まっており、主菜と副菜を考えていく。ここで、十一種類のメニューを提示。カロリーと値段が書かれているメニューの写真をもとに、自分の好みで考えていく。「僕だったらこれ！」と声が上がる（図1）。外発的動機づけを高めるこれらの活動は、自立した学びを下支えする原動力となっていく。

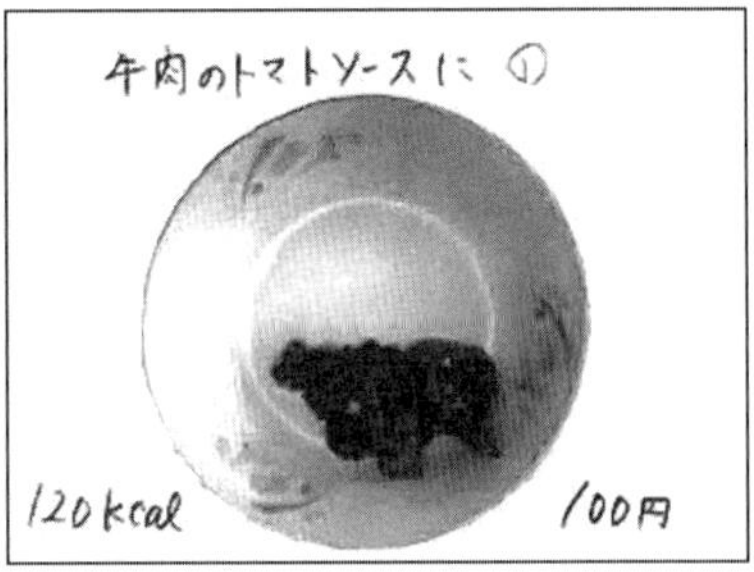

図1　提示したメニュー

個人での選択がある程度終わった頃、子どもたちから「カロリーって高い方がいいの？」「これってどうやって一つに決めるの？」といった声が上がる。個々の課題がクラス全体の課題へと変容していく。

●●● 自ら意思決定していく力の育成

ここで、先月の給食の一日のカロリーと価格の度数分布表と柱状グラフを提示する（図

2)。「これがあると考えるヒントになりそう！」と声を上げる子どもたち。黒板に掲示した柱状グラフを指さしながら、既習である中央値や最頻値を互いに確認するなど、子どもたち自らが学習を進めいていく。ここで、ある子がグラフを指しながら「値段って、中央値はここだけど、一番安いのが理想じゃない？」と発言する。学習した代表値にはない「理想値」という新たな見方での捉え方である。私は、この考えが出ることを想定していた。もし出なかったときは、値段のグラフの中央値に着目させ、「真ん中の値段が一番いいのかな？」と投げかけていただろう。値段は安い方がいい、カロリーはほどよいカロリーがよい。子どもたちの中で結論付けられた。ここから、グループの協議に入

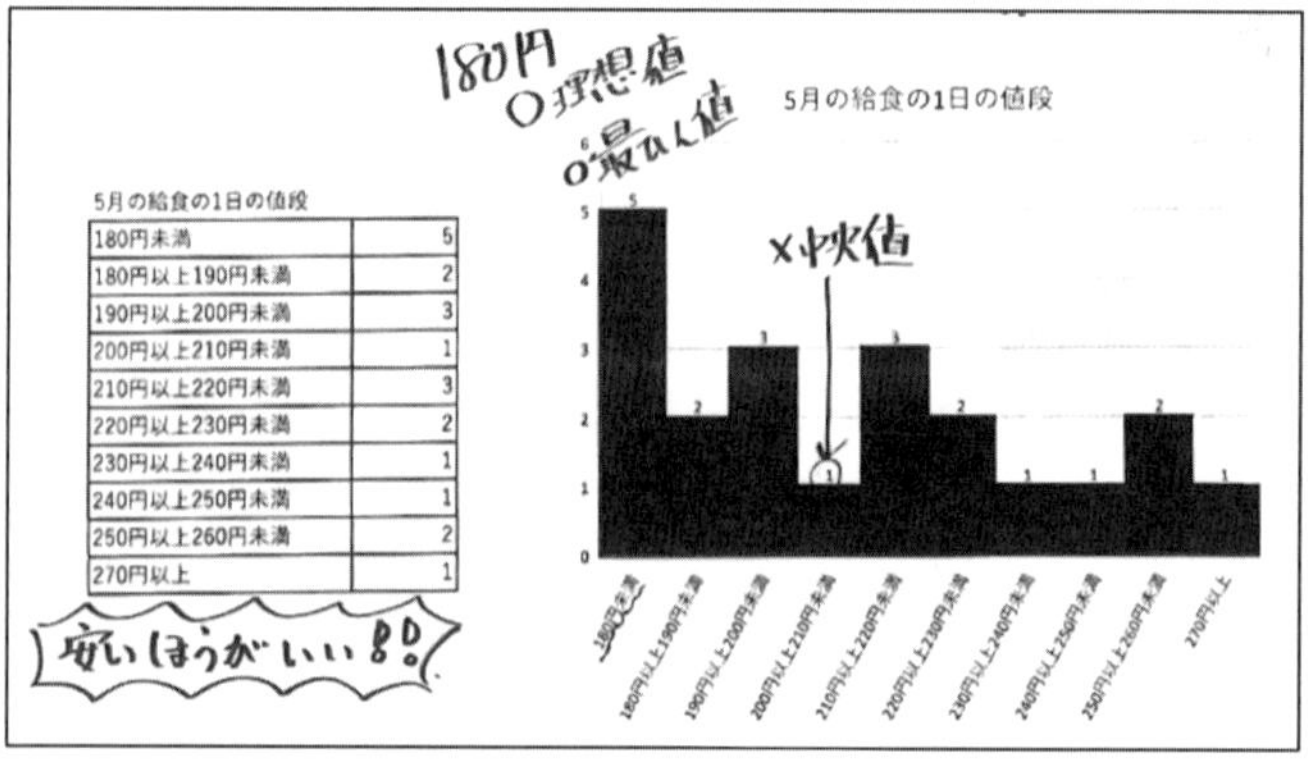

図２　先月の給食の一日のカロリーと価格

る。価格の理想値は180円。牛乳とパンの値段を差し引くと、残り65円。この額と650キロカロリーを理想値とし、主菜と副菜の組み合わせを考えていく。「牛肉選びたかったけど」「いや、オーバーでしょ」という声が聞こえてくる。自分たちの選択がグラフの理想値とは程遠いことを省察し、より妥当性の高いメニューの組み合わせをグループで考えていく。自分たちの好みで選択するという方略から、理想値に近いものを選択する方略へと修正していく、まさに自己調整の姿である。

●●● 合意形成を図り、課題を解決していく力の育成

全てのグループの献立を黒板に掲示する。当然同じ献立ではない。「僕らの班の献立が一番いいんじゃない?」「いや私たちの献立でしょ」と声が上がる。「どうやって決める?」と子どもたちの中から新たな課題が生まれる。このように、グループで決めた複数の献立の中から一つを選ぶという展開を仕組むことで、自ずと合意形成を図るための対話場面が生まれていく。ただし、この合意形成を図る際には誰もが最も納得できる解決方法を考えていくことが必要となる。それこそが課題解決力であり、この授業の山場である。

間もなくして、子どもたちは先ほど自分たちで見出した「理想値」にフィードバックす

る。そして理想値と選択したメニューの値とを関連付け、差を数値化していく考えを見出していく。『理想値に近い方がいい献立』という、みんなが納得する算出方法（数学的モデル）の導出である。「僕たちの献立は、カロリーの合計と理想値との差が21だよ。値段は、理想値との差が27。合わせて48の差だ」「私たちは、カロリーの差が38で、値段の差は37。合わせて75だ！」自分たちの班は、理想値との差がいくらかになるか、算出していく。

「これで皆が納得する献立が決まる！」と思っていた子どもたち。しかし、理想値との差の合計が最小の48となったグループが4つ現れた。数値は同じ48。しかしそれぞれ選んでいるメニューが違う。数学的モデルだけでは解決しない状況となる。しかし、これも想定内。このようなとき、最終的な意思決定には、個人の感覚的な価値観をも含めて考える必要が出てくる。案の定、子どもたちからは「好きなメ

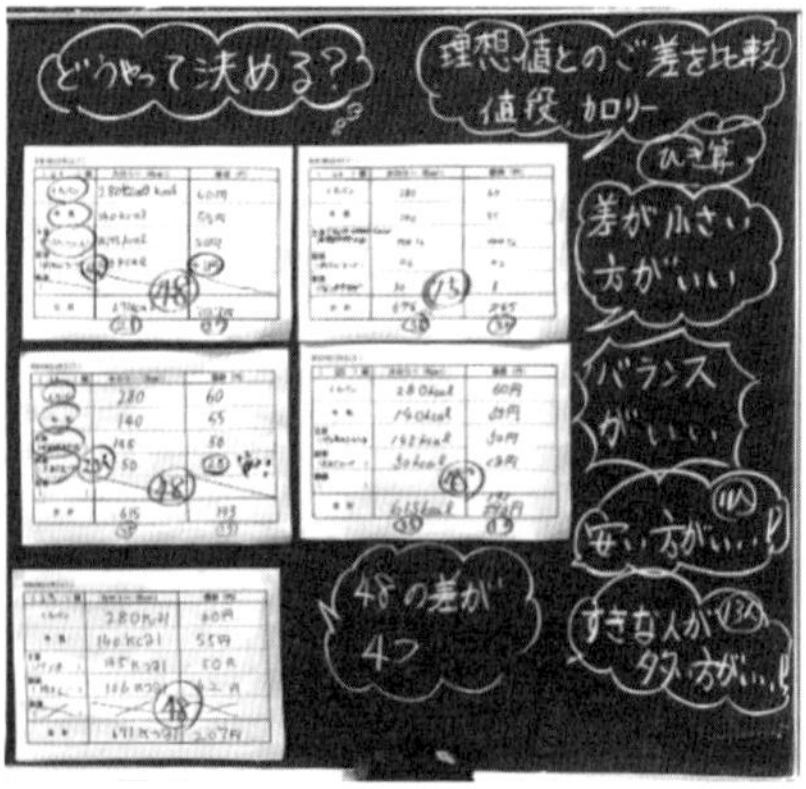

図3　決定した献立

ニューで決めたらどうか」と声が上がる。「好み」という価値観である。その他にも、「安さ」という価値観、『カロリーの差と値段の差』の差が少ない方がバランスが良いという「バランス」という価値観も現れる。これらの価値観について議論させ、最終的には「好み」と「安さ」という二つの価値観に絞る。そして、多数決を採って「好み」で決めることになり、献立は決定した（図3）。

これらの活動の中で現れた『学習内容を関連付けること』や『納得解を算出する方法を考えること』は、まさに学びを整理する姿である。また、更なる課題に直面したときに、『自分たちなりの解決方法を模索し、解決を図ろうとすること』こそ、自ら学びを深めようとする姿そのものであったと考える。

［久保田健祐］

執筆者一覧　[執筆順]

夏坂哲志	（筑波大学附属小学校）	はじめに，C1－1
尾崎正彦	（関西大学初等部）	C1－2
大野　桂	（筑波大学附属小学校）	C1－3
盛山隆雄	（筑波大学附属小学校）	C2－4
森本隆史	（筑波大学附属小学校）	C2－1
桑原麻里	（宮崎市立江平小学校）	C2－2
中田寿幸	（筑波大学附属小学校）	C2－3
江橋直治	（国立学園小学校）	C3－4
田中英海	（筑波大学附属小学校）	C3－5
永田美奈子	（雙葉小学校）	C3－6
中村潤一郎	（昭和学院小学校）	C3－7
青山尚司	（筑波大学附属小学校）	C3－8
尾崎伸宏	（成蹊小学校）	C4－1
平川　賢	（昭和学院小学校）	C4－2
小泉　友	（東京都立川市立西砂小学校）	C4－3
千々岩芳朗	（福岡県香春町立香春思永館）	C4－4
中村　佑	（仙台市立寺岡小学校）	C4－5
河内麻衣子	（東京都豊島区立高南小学校）	C4－6
山田剛史	（東京学芸大学附属竹早小学校）	C4－7
瀬尾駿介	（広島県三次市立十日市小学校）	C4－8
岡田紘子	（お茶の水女子大学附属小学校）	C4－9
久保田健祐	（兵庫県西宮市立鳴尾東小学校）	C4－10

全国算数授業研究会

1989年に，筑波大学附属小学校 教諭の手島勝朗を中心に発足。「授業を見て語り合う」ことに主眼を置き，毎年8月に筑波大学附属小学校にて，学校教員を対象にした授業研究会を行っている。

また，その時代の学校現場の課題に即した実践書籍も刊行し，「授業者の授業者による授業者のための」算数授業のあり方を提案し続けている。近刊に『子どもの数学的な見方・考え方が働く算数授業』，『対話的な算数授業に変える 教師の言語活動』など。

（研究会ホームページ：https://zensanken.jimdofree.com/）

算数授業研究シリーズ29

「自立した学び手」が育つ算数の授業

2023(令和5)年8月5日　　初版第1刷発行

編著者　全国算数授業研究会

発行者　錦織圭之介

発行所　株式会社東洋館出版社

〒101-0054　東京都千代田区神田錦町2丁目9番1号
コンフォール安田ビル2F

代　表　TEL：03-6778-4343　FAX：03-5281-8091

営業部　TEL：03-6778-7278　FAX：03-5281-8092

振　替　00180-7-96823

URL　https://www.toyokan.co.jp

装丁：山之口正和（OKIKATA）

装画：白井匠

印刷・製本：藤原印刷株式会社

ISBN978-4-491-05288-5　　PrintedinJapan

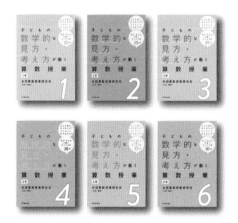